毎日のドリル

てき たよ ★ シート

べんきょうが おわった ページの ばんごうに
「できたよシール」を はろう!

なまえ

スタート

がんばるぞ!

| 1 | 2 | 3 | 4 |

| 8 | 7 | 6 | 5 |

その ちょうし!

| 9 | 10 | 〈チャレンジ〉 11 | 12 | 13 |

はんぶんを
すぎたよ!

| 18 | 17 | 16 | 15 | 14 |

| 19 | 20 | 21 | 〈チャレンジ〉 22 | 23 | 24 |

あと ちょっと!

| 28 | 27 | 26 | 25 |

| 29 | 30 | 31 |

ゴール

〈まとめテスト②〉 35 〈まとめテスト①〉 34 〈チャレンジ〉 33

JN041998

はじめてのプログラミング

プログラミングとは？

『毎日のドリル』ではプログラミングの
基本として8つの要素を扱っています。

 分解
ひとつひとつの物事の中に
いくつかの要素を見つけ，分解すること

 整理
個別の要素をまとめ，整理すること

 条件
「かつ」や「または」，「〜でない（否定）」に
沿って考えること

 順序
指示を順番に並べ，実行すること

 繰り返し
指示の重複を見つけ，単純化すること

場合分け
さまざまなルールに応じて，指示を選択・実行すること

 関数
与えられた値をもとに，指示を実行すること

 アルゴリズム
プログラミング的思考を使って，物事を解決すること

※「関数」「アルゴリズム」の問題は「毎日のドリル プログラミング」にのみ収録しています。

フローチャート

「順序」「繰り返し」「場合分け」に取り組む際には，指示の手順をまとめた
「フローチャート」を使うのが便利です。本書では，フローチャートを読み取り，
フローチャートを作れるようになることを目指しています。

 はじめ
↓
 1ます　すすむ
↓
 右を　むく
↓
おわり

監修者のことば

　身の回りのすべてがコンピュータになり，それを動かすプログラミングは読み書きと同様，生きる基礎になります。そしてこれからの新しい社会を構築するのは，未来を想像＆創造する子どもたちです。すでにプログラミングという武器を手に入れ，自らの創造力を発揮し，大人も驚くような作品をつくったり，発明品を開発して特許をとったり，友だちと一緒に学生のうちから起業したりする子どもたちがたくさん生まれています。プログラミングは自分のアイデアをカタチにする手段，自分の夢を実現するツールなのです。プログラミングで育まれる，論理的・創造的に考える習慣，テクノロジーを使いこなすスキルは，これからの世代に不可欠になるでしょう。　【監修】石戸奈々子

毎日のドリルの 特長

やりきれるから自信がつく！

▼ **1日1枚の勉強で、学習習慣が身につく！**
◎目標時間に合わせ、無理のない問題数で構成されているので、「1日1枚」やりきることができます。
◎解説が丁寧なので、学校で習っていない内容でも勉強を進めることができます。

▼ **すべての学習の土台となる「基礎力」が身につく！**
◎スモールステップで構成され、1冊の中で完成度を確認しているので、
確実に「基礎力」を身につけることができます。

▼ **勉強管理アプリの活用で、楽しく勉強できる！**
◎設定した勉強時間にアラームが鳴るので、学習習慣がしっかり身につきます。
◎時間や点数などを登録していくと、成績がグラフ化されたり、
◎勉強をがんばると、キャラクターやアイテムをコレクションを
集めることができるので、毎日のモチベーションが上がります。

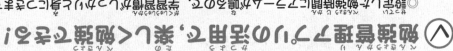

毎日のドリルの 使い方

① 1日1枚（表と裏）、集中して解きましょう。

② おうちの方に、答え合わせをしてもらいましょう。

③ 「できたよシール」に、「ごほうびシール」をはりましょう。

④ アプリに得点を登録しましょう。

毎日のドリル 勉強管理アプリ

「毎日のドリル」シリーズ専用、スマートフォン・タブレットで使える無料アプリです。1つのアプリでシリーズすべてを管理でき、学習習慣が楽しく身につきます。

１ 「毎日のドリル」の学習を徹底サポート！

毎日の勉強タイムをお知らせする「タイマー」

かかった時間を計る「ストップウォッチ」

勉強した日を記録する「カレンダー」

入力した得点を「グラフ化」

> 日々の得点や時間を意識しよう！

２ キャラクターと楽しく学べる！

好きなキャラクターを選ぶことができます。勉強をがんばるとキャラクターが育ち、「ひみつ」や「ワザ」が増えます。

３ １冊終わると、ごほうびがもらえる！

ドリルが1冊終わるごとに、賞状やメダル、称号がもらえます。

> これは やるしかない でらっちゃ！

４ 漢字と英単語のゲームにチャレンジ！

ゲームで、どこでも手軽に、楽しく勉強できます。漢字は学年別、英単語はレベル別に構成されており、ドリルで勉強した内容の確認にもなります。

> 自己ベスト更新日を目指そう！

アプリの無料ダウンロードはこちらから！

https://gakken-ep.jp/extra/maidori/

1 ──せん── を ひいて, 2つの なかまに わけましょう。
どんな なかまに わけたか, ☐ から えらび,
（　）に きごうを かきましょう。

1つ20てん【40てん】

> ア 赤い もの　　イ きいろい もの　　ウ 白い もの
> エ たべもの　　　オ のりもの　　　　カ 生きもの

①

どこで せんを
ひくか
かんがえよう。

（　　　　　　　）と（　　　　　　　）

②

（　　　　　　　）と（　　　　　　　）

2 アから クを, 2つの なかまに わけます。
（　　）に あてはまる きごうを すべて かきましょう。

1つ30てん【60てん】

ア

イ

ウ

エ

オ

カ

キ

ク

① 生きもの　　　と　　のりもの
（　　　　　　）　（　　　　　　）

② とぶ もの　　　と　　とばない もの
（　　　　　　）　（　　　　　　）

これから いっしょに がんばろう！

こたえ ▶ 79ページ

1 つぎの デザートを なかまに わけます。　1つ20てん【60てん】

① ケーキを すべて きごうで かきましょう。

（　　　　　　　　　　　　　）

② くだものだけを つかった デザートを すべて
きごうで かきましょう。

（　　　　　　　　　　　　　）

③ くだものを つかった ケーキを すべて きごうで
かきましょう。

（　　　　　　　　　　　　　）

2 つぎの デザートを ①から ④のような なかまに まとめます。どんな なかまに まとめて いますか。 □から えらび，きごうで こたえましょう。 1つ10てん【40てん】

あ　　　　　　　　　　い　　　　　　　　　　　　う

え　　　　　　　　　　お　　　　　　　　　　　　か

ア　のみもの　　　　　　　イ　くだものを　つかった　デザート
ウ　プリンを　つかった　デザート
エ　クリームを　つかった　デザート

---

① あ　い　う　え　お　　　　　　　　（　　　　）

② い　う　か　　　　　　　　　　　　（　　　　）

③ い　お　か　　　　　　　　　　　　（　　　　）

④ あ　え　　　　　　　　　　　　　　（　　　　）

アプリに　とくてんを　とうろくしてね！

こたえ ▶ 79ページ

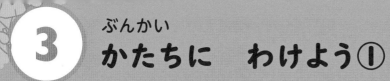

3 ぶんかい
かたちに わけよう①

月　日　10ぷん

とくてん

てん

1 アから シを 「△」「□」「○」の なかまに わけます。
（　）に きごうを すべて かきましょう。

1つ10てん【30てん】

だいたいの
かたちで
わけよう。

① △ （　　　　　　　　　　）

② □ （　　　　　　　　　　）

③ ○ （　　　　　　　　　　）

2 アから　キの　のりものを，①から　⑤のような
なかまに　わけます。（　）に　きごうを　すべて
かきましょう。

1つ14てん【70てん】

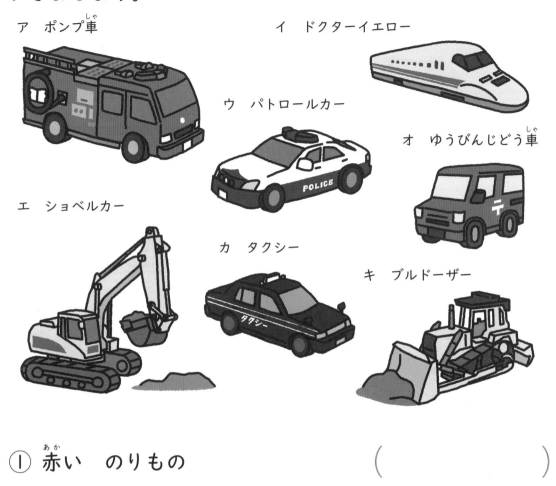

ア　ポンプ車

イ　ドクターイエロー

ウ　パトロールカー

オ　ゆうびんじどう車

エ　ショベルカー

カ　タクシー

キ　ブルドーザー

① 赤い　のりもの　　　　　　　　（　　　　　　　）

② きいろい　のりもの　　　　　　（　　　　　　　）

③ どうろを　はしる　のりもの　　（　　　　　　　）

④ せんろを　はしる　のりもの　　（　　　　　　　）

⑤ こうじで　つかう　のりもの　　（　　　　　　　）

よく　がんばったね！　えらい！

こたえ ▶ 79ページ

4 ぶんかい
かたちに わけよう②

月　日
とくてん

10ぷん

てん

1 つぎの えは，どの かたちを なんこ つかって
できて いますか。（　　）に かずを かきましょう。
つかって いない かたちの （　　）には，0と
かきましょう。

1つ6てん【60てん】

つかわない
ものも あるから
ちゅうい！

11

2 つぎの ①，②の かたちは，アから ウの どの
かたちに わけられますか。わけられる すべての
ものを えらび，（ ）に ○を かきましょう。

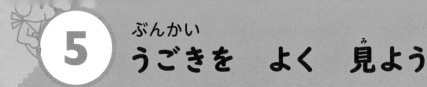

5 ぶんかい うごきを よく 見よう

1 たいそうを して います。①，②に あてはまる
うごきを すべて えらび，きごうで こたえましょう。

1つ10てん【20てん】

① 手を 上げて いる　　　　（　　　　　　）
② 足を 上げて いる　　　　（　　　　　　）

2 たいそうを して います。①から ④に あてはまる
うごきを すべて えらび，きごうで こたえましょう。

1つ10てん【40てん】

① 左手を 上げて いる（　　　）
② 右手を 上げて いる（　　　）
③ 左足を 上げて いる（　　　）
④ 右足を 上げて いる（　　　）

オは ジャンプして，
りょう足を 上げてるね。

13

3 そる，たおれる，ひねる，のばす うんどうを くみあわせ，
アから シの じゅんに たいそうを しました。
つぎの もんだいに こたえましょう。

1つ10てん【40てん】

① そる うんどうを なんかい しましたか。

（　　　　　）かい

② たおれる うんどうを なんかい しましたか。

（　　　　　）かい

③ ひねる うんどうを なんかい しましたか。

（　　　　　）かい

④ のばす うんどうを なんかい しましたか。

（　　　　　）かい

ぶんかいの ことは ばっちりだね！

こたえ ▶ 80ページ

なにが　つくれる？①

1　①から　④の　かたちで，右の　どの　えが　つくれますか。
　　　——せんで　つなぎましょう。

1つ10てん【40てん】

①  　・

・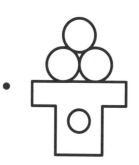

② 　・

・

③ 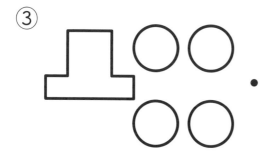　・

・

④ 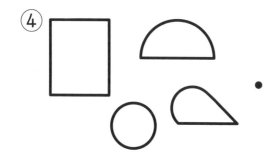　・

・

2 ①から ④の 木で, 右の どれが つくれますか。
　　　せんで つなぎましょう。

① 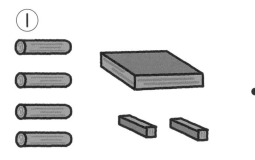 ・　　　・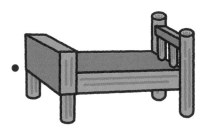

② 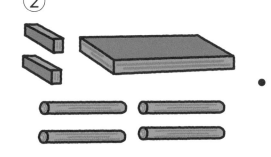 ・　　　・

③ 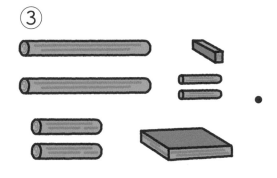 ・　　　・

④ 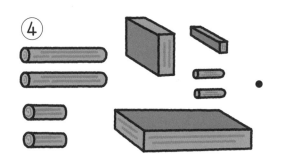 ・　　　・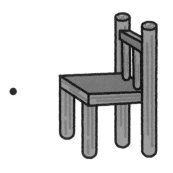

 ちゃんと できたかな?

せいり

なにが つくれる？②

月　日　10
とくてん
てん

1 ①から ④の つみ木で, 右の どれが つくれますか。
　　せんで つなぎましょう。

1つ15てん【60てん】

① 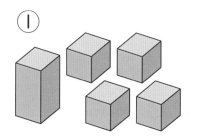 ・　　　　　・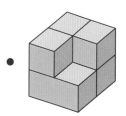

② 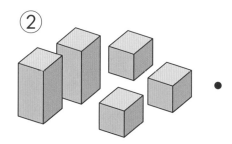 ・　　　　　・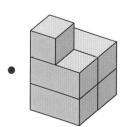

③ 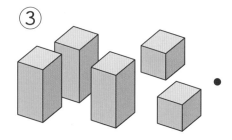 ・　　　　　・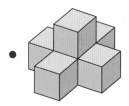

④ 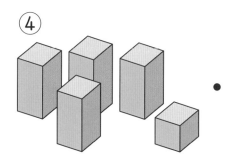 ・　　　　　・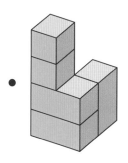

2 つみ木で　アから　エの　かたちを　つくります。
つぎの　もんだいに　こたえましょう。

1つ20てん【40てん】

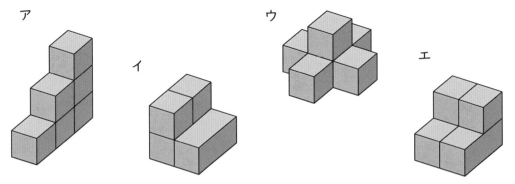

① 下の　つみ木で　つくれる　ものを　えらび,
きごうを　すべて　かきましょう。

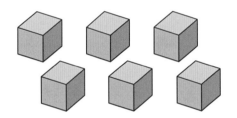

（　　　　　　　　　）

② 下の　つみ木で　つくれる　ものを
えらび, きごうを　すべて　かきましょう。

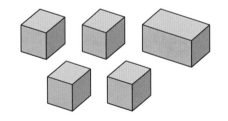

エの　かくれて　いる
ぶぶんは, どんな
かたちに　なって
いるかな。

（　　　　　　　　　）

だんだん　おもしろく　なって　いくよ！

こたえ ▶ 81ページ

18

8　せいり　どんな りょうりに する?

1　「カレー」には　カレーこ、「シチュー」には　シチューの
もと、「にくじゃが」には　しょうゆと　さとうを
つかいます。ゆきさん、たくさん、みゆきさんは、なにを
つくりますか。（　　　）に　りょうりを　かきましょう。

1つ20てん【60てん】

ウ　しょうゆ

イ　じゃがいも

ア　たまねぎ

エ　ぶたにく

オ　にんじん

カ　とりにく

キ　ピーマン

ク　さとう

ケ　カレーこ

コ　シチューの　もと

①
ゆきさん
　ア，イ，オ，カ，コを
つかうよ。　　　　　　（　　　　　　）

② たくさん
　ア，イ，ウ，エ，オ，クを
つかうよ。　　　　　　（　　　　　　）

③ みゆきさん
　ア，イ，エ，オ，ケを
つかうよ。　　　　　　（　　　　　　）

2 「カレー」には，ぶたにくと　カレーこを　つかい，
「クリームシチュー」には，とりにくと　じゃがいもと
クリームシチューの　もとを　つかいます。つぎの
もんだいに　こたえましょう。

1つ20てん【40てん】

ア　たまねぎ

イ　じゃがいも

ウ　とりにく

エ　カレーこ

オ　にんじん

カ　ピーマン

キ　ぶたにく

ク　クリームシチューの　もと

① あなたの　すきな　カレーに　なるように，ざいりょうを
えらび，きごうを　かきましょう。

(　　　　　　　　　　　　　　　　　　)

② あなたの　すきな　クリームシチューに　なるように，
ざいりょうを　えらび，きごうを　かきましょう。

(　　　　　　　　　　　　　　　　　　)

その　ちょうし！　その　ちょうし！

こたえ ▶ 82ページ

9 せいり
なにを するか きめよう

月　日　**10**ぷん
とくてん

てん

1　3人が　したい　あそびを　はなして　います。
つぎの　もんだいに　こたえましょう。あてはまる　ものは
すべて　かき，あてはまる　ものが　ない　ときは，「なし」と
かきましょう。

1つ15てん【60てん】

はるかさん
なわとびか　かくれんぼが　したい。

えいたさん
かくれんぼか　バドミントンが　したい。

まりさん
おにごっこか　かくれんぼが　したい。

① 1人だけが　したいと　いって　いる　あそびは　なんですか。
（　　　　　　　　　　　　　　）

② 2人だけが　したいと　いって　いる　あそびは　なんですか。
（　　　　　　　　　　　　　　）

③ 3人とも　したいと　いって　いる　あそびは　なんですか。
（　　　　　　　　　　　　　　）

④ 3人は，なにを　して　あそべば　よいですか。
（　　　　　　　　　　　　　　）

なるべく　おおくの
人が　したいと
おもう　あそびを
えらぼう。

2 4人が, したい あそびを はなして います。
つぎの もんだいに こたえましょう。

1つ10てん【40てん】

ひろしさん

トランプか かるたが したい。

けいたさん

しょうぎが したい。でも ほかの 人が したい
あそびでも いいよ。

れいさん

しょうぎか トランプが したい。

よしとさん

おりがみか トランプが したい。

① 2人だけが したいと いって いる あそびは なんですか。

（　　　　　　　　　　）

② 3人が したいと いって いる あそびは なんですか。

（　　　　　　　　　　）

③ けいたさんは, トランプを どう おもって
いますか。あてはまる ものに ○を かきましょう。

（　　　）したく ない。

（　　　）したい。

④ 4人は, なにを して あそべば よいですか。

（　　　　　　　　　　）

見なおしも しようね！

こたえ ▶ 82ページ

10 <ruby>せいり<rt></rt></ruby>

なにを 見るか きめよう

1 3人で どうぶつえんに いきます。3人の はなして
いる ことを よんで, つぎの もんだいに こたえましょう。

1つ20てん【60てん】

かずやさん

パンダ, コアラ, ライオンは, ぜったい 見たい。
ゾウ, ゴリラ, チーターは できれば 見たい。

のぞみさん

パンダ, ゾウ, キリンは, ぜったい 見たい。
シマウマ, ライオンは できれば 見たい。

ひろとさん

コアラ, ゴリラ, ライオンは, ぜったい 見たい。
サル, シマウマ, チーターは できれば 見たい。

① 2人が ぜったい 見たい どうぶつを 見ます。
　 あてはまる どうぶつを すべて かきましょう。

（　　　　　　　　　　　　　　　　　　　　）

② 1人でも ぜったい 見たい どうぶつは 見ます。
　 ①に ない どうぶつを すべて かきましょう。

（　　　　　　　　　　　　　　　　　　　　）

③ すくなくとも 2人が, できれば 見たい どうぶつを
　 見ます。①, ②に ない どうぶつを, すべて かきましょう。

（　　　　　　　　　　　　　　　　　　　　）

2 4人で　どうぶつえんを　まわります。ぜったい　見たい　どうぶつに　◎，できれば　見たい　どうぶつに　○を　つけました。つぎの　もんだいに　こたえましょう。

①10てん　②，③15てん【40てん】

	パンダ	コアラ	ライオン	チーター	トラ	ゾウ	キリン	クマ	ゴリラ	シマウマ	カバ	サイ
さやか	○	◎			◎			◎		○	○	
ゆたか	◎		◎	○		◎	○	○				
あゆみ	◎	○	○	◎	◎		○	○		◎		
たつや	○				◎	○		◎	◎			○

① 3人が　ぜったい　見たい　どうぶつを　かきましょう。

(　　　　　　　　　　　　　　　　　)

② 2人が　ぜったい　見たくて，べつの　2人が　できれば　見たい　どうぶつを，すべて　かきましょう。

(　　　　　　　　　　　　　　　　　)

③ 1人だけが　ぜったい　見たくて，べつの　1人だけが　できれば　見たい　どうぶつを，すべて　かきましょう。

(　　　　　　　　　　　　　　　　　)

せいりの　ことは　かんぺきだ！

こたえ ▶ 82ページ

1 下のような　アから　オの　タイルが　あります。はるさんと
あきさんが，これらを　つかって，すきな　かたちを
つくろうと　はなして　います。大きさは　じゆうに
かえる　ことが　できます。

はるさん
「ぼくは　アを　１まい，イを　６まい
　　つかって　たいようを　つくったよ。」

あきさん
「わたしも　たいようを　つくって　みる。
　　できた！　エを　１まい，オを　５まい　つかったの。」

はるさん
「わあ，いいね。日の出みたいだ。」

アから　オの　タイルを　すきなだけ　つかって，あなたも
いろいろな　かたちを，じゆうに　つくって　みましょう。

はるさん
「右の ひらがなの ひょうを
たてか よこに つないで,
2文字の ことばを
つくるんだって。」

ま	た	い	さ
ほ	こ	う	め
つ	な	し	あ
り	み	か	ゆ

あきさん
「右や 下から よんでも
いいの?」

はるさん
「いいよ。でも １つの
文字は １かいしか
つかえないよ。たとえば, 右上で,『さい』と
つくったら,『さめ』は つくれないって
ことなんだ。」

あきさん
「わたし,『さい』を 入れて, ぜんぶで 7こ
つくれたよ。」

はるさん
「へえ, ぼくは 『さめ』を 入れて, ぜんぶで
7こ つくったよ。」

あなたは, どんな ことばを つくれましたか。
つくった ことばを, すべて かきましょう。

こたえ ▶ 83ページ

26

1 おべんとうを かいに きました。
3人は どの おべんとうを かいましたか。
（　　）に きごうを かきましょう。

1つ20てん【60てん】

①
さくらさん

たまごやき 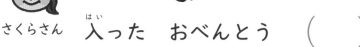 と
からあげ が
入った おべんとう　（　　）

ア

②
けんさん

ミートボール と
のり■ が
入った おべんとう　（　　）

イ

③
まゆこさん

ごはんに ごま が
かかって いて，
スパゲッティ が
入った おべんとう　（　　）

ウ

じょうけんを
よく よもう。

エ

27

2 おべんとうを　かいに　きました。
4人は　どの　おべんとうを　かいましたか。
（　　　）に　きごうを　すべて　かきましょう。　1つ10てん【40てん】

① ポテトサラダ　が
入った　おべんとう
かおるさん
（　　　　　　）

ア

② あじフライ　が
入った　おべんとう
かずきさん
（　　　　　　）

イ

ウ

③ どちらかの
たまご　が
入った　おべんとう
くるみさん
（　　　　　　）

エ

④ ミニトマト　が
入って　いない　おべんとう
こうたさん
（　　　　　　）

オ

まいにち　こつこつ　がんばろう！

こたえ ▶ 83ページ

13 すいりを　しよう

じょうけん

1 おばあちゃんに，なぞなぞを　出しました。すいりして，
□に　文字を　かきましょう。

1つ20てん【60てん】

①
・はじめの　2文字は　「た」「い」。
・1ばんめと　3ばんめの
　文字は　じゅんに
　「た」「こ」。

1ばんめ	2ばんめ	3ばんめ

②
・はじめの　文字は　「バ」。
・おなじ　文字が　つづく。
・くだもの。

③
・2ばんめの　文字は　「い」。
・どこかに　「ぞ」「う」の
　文字が　ある。
・だいどころに　ある。

29

2 ともだちが にっぽんの むかしばなしの クイズを
出しました。すいりして, □に 文字を かきましょう。

①10てん ②, ③15てん【40てん】

① ・さいしょと さいごの 文字は じゅんに
「か」「め」。
・はじめの 3文字は, かぐを うって いる
おみせの
こと。

1ばんめ	2ばんめ	3ばんめ	4ばんめ	5ばんめ

② ・さいしょの 2文字は,「まけ」の はんたいの いみ。
・おなじ ことばを くりかえす ところが ある。
・さいごの 文字は 「ま」。

③ ・さいしょと 3ばんめの 文字は じゅんに
「い」「す」。
・どこかに 「ぼうし」が ある。
・まんなかの 文字は 「ん」。

ちゃんと すいりは できたかな？

こたえ ▶ 83ページ

じょうけん
どれなら　気に入る？

1 みんなで　すきな　ふくを　えらんで　います。
それぞれの　人に　あう　きごうを，すべて　かきましょう。

1つ10てん【40てん】

1つとは
かぎらないよ。

① しまもようか
ポケットが
ある。

たつやさん　（　　　　　）

② 水玉もようか
きいろい　ところが
ある。

みつこさん　（　　　　　）

③ ピンクか　赤い
ところが　ある。

ゆうきさん　（　　　　　）

④ みんなが
えらばない　もの。

ななこさん　（　　　　　）

2 3人が　すきな　カップに　ついて　はなして　います。
つぎの　もんだいに　こたえましょう。

1つ20てん【60てん】

ゆかさん

もち手が　2つ
あるか，本たいに
赤を　つかって　いる。

たかおさん

ふちが　白か，
本たいが　よこじま。

まよさん

本たいに　白を
つかって　いるか，
水玉もよう。

ふち
もち手
本たい

ア

イ

ウ

エ

オ

① ウが　すきな　人は，だれですか。
名まえを　すべて　かきましょう。

(　　　　　　　　　　　　　)

② イが　すきな　人は，だれですか。
名まえを　すべて　かきましょう。

(　　　　　　　　　　　　　)

③ 3人ともが　すきな　カップは　どれですか。
きごうで　こたえましょう。

(　　　　　　　　　　　　　)

こたえの　かくにんを　しよう！

こたえ ▶ 84ページ

じょうけん
けいかくを 立てよう

1 けいこさんは，4じからの けいかくを 立てて います。
つぎの もんだいに こたえましょう。

1つ10てん【40てん】

ア	ピアノの おけいこ	4じから 5じ
イ	ばんごはん	6じはんから 7じ
ウ	ねる じこく	9じから
エ	べんきょう	おふろを 出てから ねるまで
オ	おふろ	7じから 30ぷん

① アを □で かこみ，よていひょうに アと かきましょう。

② イを □で かこみ，よていひょうに イと かきましょう。

③ オを □で かこみ，よていひょうに オと かきましょう。

④ けいこさんは べんきょうか ピアノの どちらかを，
1じかんはん やれば，あす，ゆうえんちへ いく ことが
できます。けいこさんは あす，ゆうえんちへ いきますか。
○で かこみましょう。　　　（　はい　いいえ　）

【よていひょう】

ごご 4じ　はん　5じ　はん　6じ　はん　7じ　はん　8じ　はん　9じ

ア

2 よしさんは, つぎのような きまりを つくって, おとうさんと おふろに 入る ことに しました。

　・30ぷん 入る。
　・7じ, 7じはん, 8じの どこからかで 入りはじめる。

おとうさんの かえる じこくは 下の とおりです。

　・月よう日から 木よう日………7じ 15ふん
　・金よう日……………………7じ 50ぷん
　・土よう日と 日よう日………6じ 45ふん

つぎの もんだいに こたえましょう。　　　　　　1つ20てん【60てん】

① よしさんが 月よう日から 木よう日に おふろに 入る
　ことの できる じかんを, 2かしょ □で かこみましょう。

　ごご　6じ　はん　7じ　はん　8じ　はん　9じ

② よしさんが 金よう日に おふろに 入る ことの
　できる じかんを, □で かこみましょう。

　ごご　6じ　はん　7じ　はん　8じ　はん　9じ

③ よしさんが 土・日よう日に おふろに 入る ことの
　できる じかんを, すべて □で かこみましょう。

　ごご　6じ　はん　7じ　はん　8じ　はん　9じ

きょうも ぜっこうちょう！

こたえ ▶ 84ページ

正しく つくろう

1 けいたさんは　サンドイッチを　つくって　います。
それぞれの　パンに，下の　レシピどおりの　ものを
はさみます。つぎの　もんだいに　こたえましょう。

1つ10てん【40てん】

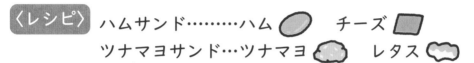

〈レシピ〉　ハムサンド………ハム　　　チーズ
　　　　　　ツナマヨサンド…ツナマヨ　　　レタス

① レシピどおりに　できた　ものに，〇を　かきましょう。

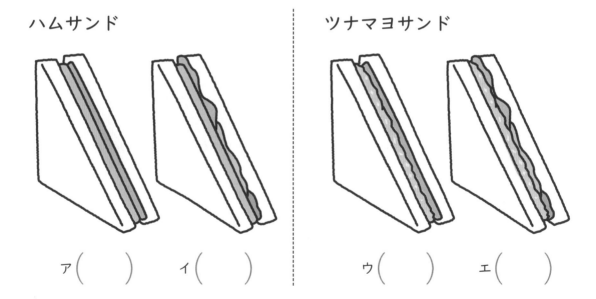

ハムサンド

ツナマヨサンド

ア（　　）　　イ（　　）　　　　ウ（　　）　　エ（　　）

② 上の　えで，まちがえて　はさんで　ある　ものの
名まえを　かきましょう。

　　　　　　　　ハムサンド　　　　（　　　　　　　　）

　　　　　　　　ツナマヨサンド　　（　　　　　　　　）

2 あおいさんの　いえでは，サンドイッチを　下のような
レシピで　つくります。つぎの　もんだいに
こたえましょう。

①ぜんぶ　できて　40てん　②1つ10てん【60てん】

〈レシピ〉　ハムサンド……ハムは　かならず　はさむ。
　　　　　　　　　　ほかに　チーズを　はさんでも　よい。
　　　　　　　　　　ほかに　きゅうりを　はさんでも　よい。
　　　　たまごサンド…たまごは　かならず　はさむ。
　　　　　　　　　　ほかに　トマトを　はさんでも　よい。

① レシピどおりに　できた　ものに，〇を　かきましょう。

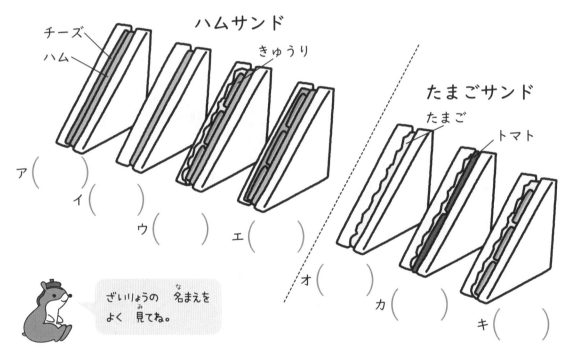

② ①には，レシピと　ちがう　サンドイッチが　あります。
　まちがえて　はさんで　ある　ものを　かきましょう。

　　　　　　　　　　ハムサンド　　（　　　　　　　）

　　　　　　　　　　たまごサンド　（　　　　　　　）

これで　はんぶんまで　きたよ！　おつかれさま！

こたえ ▶ 85ページ

17 じゅんじょ
どの　じゅんに　のせた？①

	月　　日	10 ぶん
とくてん		
		てん

1 デザートを　つくりました。どの　じゅんばんに
入れましたか。きごうを　じゅんに　かきましょう。

1つ20てん【40てん】

①

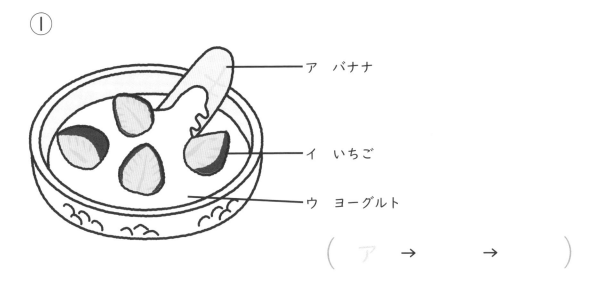

ア　バナナ

イ　いちご

ウ　ヨーグルト

(　ア　→　　　　→　　　)

②

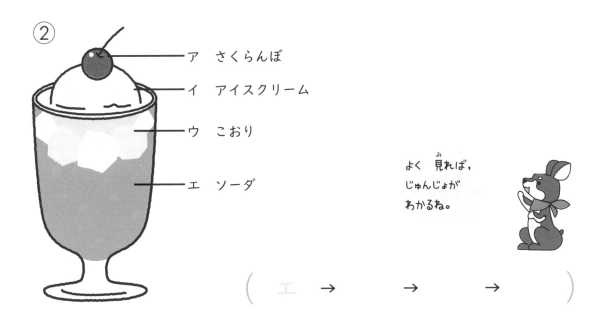

ア　さくらんぼ

イ　アイスクリーム

ウ　こおり

エ　ソーダ

よく　見れば，
じゅんじょが
わかるね。

(　エ　→　　　　→　　　　→　　　)

37

2 アから エの つみ木を, 下から 1つずつ つんで
いきます。つんだ じゅんに きごうを かきましょう。

1つ20てん【60てん】

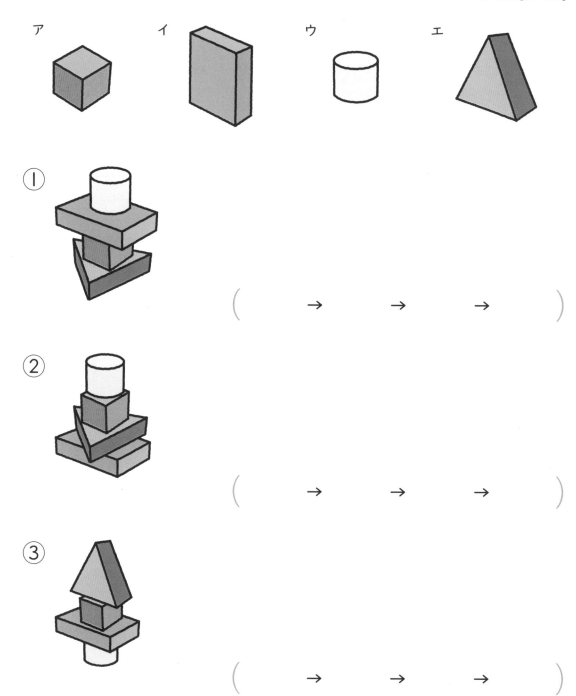

① （　　　→　　　→　　　→　　　）

② （　　　→　　　→　　　→　　　）

③ （　　　→　　　→　　　→　　　）

ここまで よく がんばったね！

こたえ ▶ 85ページ

月　日　10

とくてん

てん

1 ①から ③の ハンバーガーは，アから オを 下から
どの じゅんばんに のせた ものですか。
──── せんで つなぎましょう。

1つ20てん【60てん】

ア　　　　　イ　　　　　ウ　　　　　エ　　　　　オ

①

　　　　•

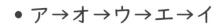　•ア→オ→ウ→エ→イ

②

　　　　•

　•ア→ウ→エ→オ→イ

③

　　　　•

　•ア→エ→オ→ウ→イ

2 カードに　アから　エの　シールを　はります。
①から　④の　カードは，アから　エの　シールを　下から
どの　じゅんばんに　はった　ものですか。（　　）に
きごうを　かきましょう。

1つ10てん【40てん】

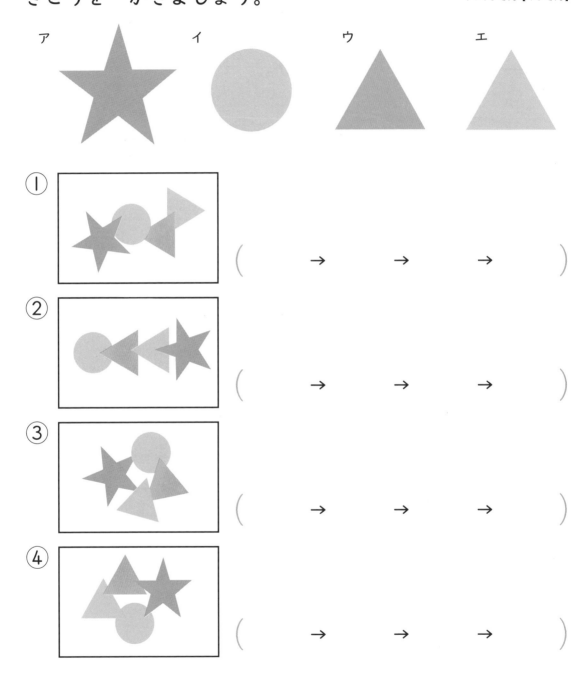

①　（　　　→　　　→　　　→　　　）

②　（　　　→　　　→　　　→　　　）

③　（　　　→　　　→　　　→　　　）

④　（　　　→　　　→　　　→　　　）

まいにちの　べんきょうで，力は　ついて　いるよ！

こたえ ▶ 86ページ

月　　日　　10
ぶん
とくてん

てん

1 つぎの　ことばを，1から　しりとりに　なるように
ならべます。（　　）に　ばんごうを　かきましょう。【25てん】

くり　　　　　　とら　　　　　　すいか　　　　　だるま

（　1　）　　　　（　　）　　　　（　　）　　　　（　　）

いと　　　　　　りす　　　　　　らくだ　　　　　かい

（　　）　　　　（　　）　　　　（　　）　　　　（　　）

2 つぎの　4この　ことばを，しりとりに　なるように
ならべます。（　　）に　ばんごうを　かきましょう。【25てん】

かに　　　　　　　　　　　きく　　　　　　　はじまりは
　　　　　　　　　　　　　　　　　　　　　　どこかな？

（　　）　　　　　　　　　（　　）

くし　　　　　　　　　　しか

（　　）　　　　　　　　　（　　）

41

3 つぎの　5この　ことばを，しりとりに　なるように
＿＿＿せん＿＿＿で　すべて　つなぎましょう。
【25てん】

| しまうま | あり | りょこう |

| うし | りょうり |

4 つぎの　6この　ことばを，しりとりに　なるように
＿＿＿せん＿＿＿で　すべて　つなぎましょう。
【25てん】

| たか | めだか | きのこ |

| かき | すずめ | かた |

アプリに　とくてんを　とうろくしよう！

こたえ ▶ 86ページ

1 ①，②の　フローチャートのように　・が
うごいた　とき，みちを　どう　すすみますか。
（　　）に　きごうを　かきましょう。１つ25てん【50てん】

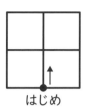
はじめ

① はじめ
↓
つぎの　かどまで　すすむ
↓
左を　むく
↓
つぎの　かどまで　すすむ
↓
おわり

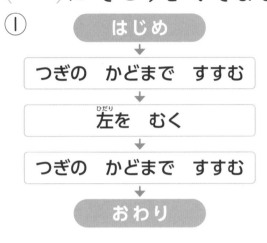

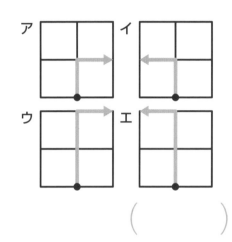

（　　　　）

―― が　みち。まがったり
まじわったり　して　いる
ところが，「かど」だよ。

② はじめ
↓
つぎの　かどまで　すすむ
↓
右を　むく
↓
つぎの　かどまで　すすむ
↓
左を　むく
↓
つぎの　かどまで　すすむ
↓
おわり

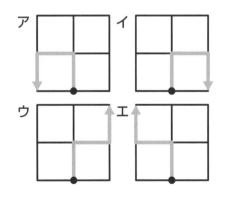

（　　　　）

2 右の　フローチャートは，はじめの
ばしょから　ひろさんの　いえへの
いきかたです。えに　──せん──を
かきながら，たどりましょう。

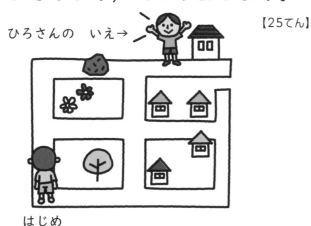

ひろさんの　いえ→

【25てん】

はじめ

はじめ
↓
まっすぐ　いく
↓
かどを　右へ　いく
↓
かどを　左へ　いく
↓
かどを　右へ　いく
↓
おわり

見て　いる　ほうこうで
右と　左が　かわるから
ちゅうい！

3 はじめの　ばしょから　けいさんの　いえに　いきます。下の
フローチャートの　とおりに　あるきましたが，いけません
でした。フローチャートに　まちがった　ところが
１つ　あります。（　　）に　×を　かきましょう。　【25てん】

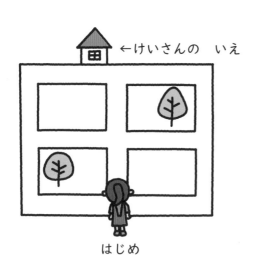

←けいさんの　いえ

はじめ

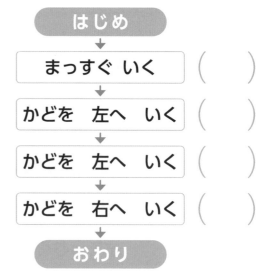

はじめ
↓
まっすぐ　いく　（　　）
↓
かどを　左へ　いく　（　　）
↓
かどを　左へ　いく　（　　）
↓
かどを　右へ　いく　（　　）
↓
おわり

おうえんして　いるよ！

こたえ ▶ 87ページ

じゅんじょ
すすみかたを　かこう

1 はじめの　ばしょから　よしやさんの　いえへの　いきかたを，
右の　フローチャートに　かきました。

□に　「右」，「左」の　文字を
かきましょう。　　　　　　　　　　【10てん】

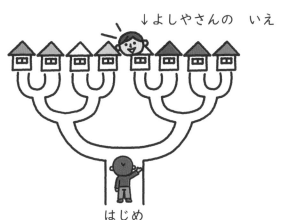

↓よしやさんの　いえ

はじめ

はじめ
↓
わかれみちを　右へ　いく
↓
わかれみちを
□へ　いく
↓
わかれみちを　左へ　いく
↓
おわり

2 はじめの　ばしょから　かよこさんの　いえへの　いきかたを，
右の　フローチャートに　かきました。

□に　「右」，「左」の　文字を
かきましょう。　　1つ10てん【30てん】

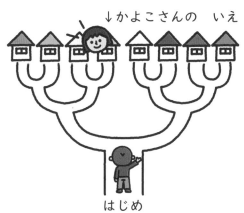

↓かよこさんの　いえ

はじめ

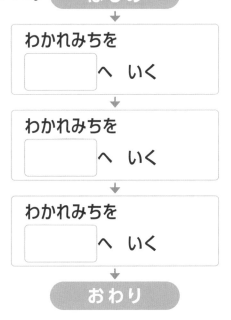

はじめ
↓
わかれみちを
□へ　いく
↓
わかれみちを
□へ　いく
↓
わかれみちを
□へ　いく
↓
おわり

3 りくさんが はじめの ばしょから ―― を とおって，★まで いきます。フローチャートは，その じゅんじょを あらわして います。□に あてはまる ことばを □から えらんで，きごうを かきましょう。

1つ12てん【60てん】

> ア つぎの かどまで すすむ
> イ 左を むく
> ウ 右を むく

①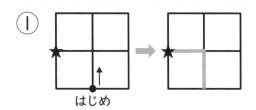

②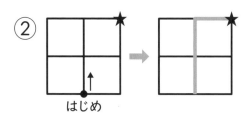

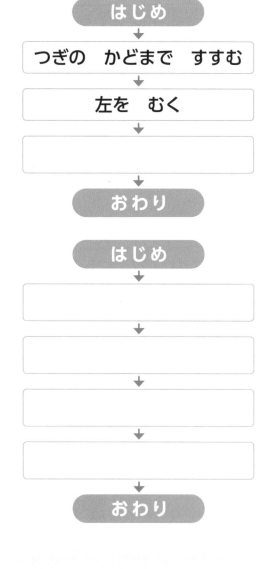

はじめ
つぎの かどまで すすむ
左を むく
おわり

はじめ
おわり

おなじ きごうを つかう ことも あるよ！

よく かんがえて できたかな？

こたえ ▶ 87ページ

1 たて，よこ，ななめの みちを とおり，ダイヤ(💎)を あつめます。いきどまり(⊖)と いちど とおった みちは とおる ことが できません。

まささん「ぼくは アから 入って，ダイヤを 13こ あつめて，セから 出たよ。」

まなさん「わたしは オから 入って，ダイヤを 15こ あつめて クに 出たよ。」

あなたも すきな ところから 入って，まささんや まなさんより，おおくの ダイヤを あつめましょう。

まじわる のは ○。

2ど とおる のは ×。

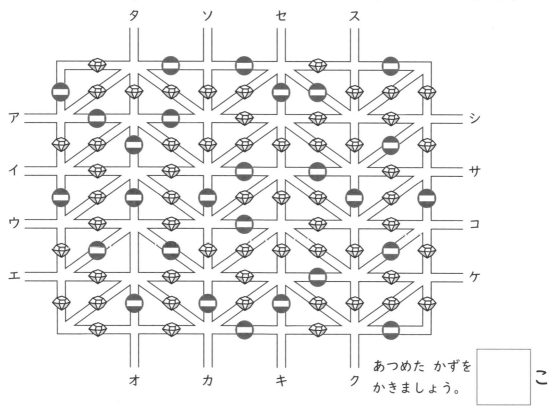

あつめた かずを かきましょう。 □こ

47

2 まなさん「あ，これは　てんつなぎだ。」

まささん「1から　じゅんに　つないで　いけば　いいんだよね。
　　　　　　なにが　あらわれるのかな。」

まなさん「ちょっと　まって。1，3，5…と，1つおきに
　　　　　　つないで　みたら　どうなのかな？」

あなたも　すきな　ように　つなぎかたの　ルールを
きめて，やって　みましょう。

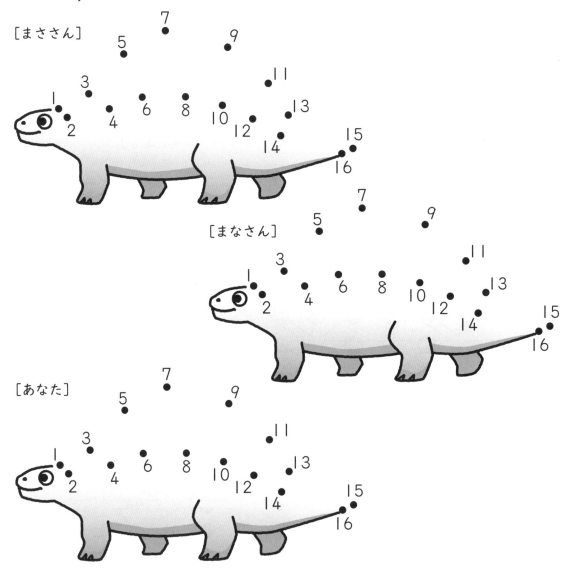

こたえ ▶ 88ページ

くりかえし
どんな ならびかた？

1 □には，なにが　あてはまりますか。ならびかたを
よく　見て，□に　きごうを　かきましょう。

1つ15てん【60てん】

①
ア 靴下
イ 靴下

②
ア ○ 
イ ● 
ウ ◕

③
ア 🍎 
イ 🍎 
ウ 🍊

④
ア ⛰ 
イ ▭

2 □には，なにが あてはまりますか。ならびかたを
よく 見て，□に きごうを かきましょう。

1つ10てん【40てん】

① 　　

② 　　

③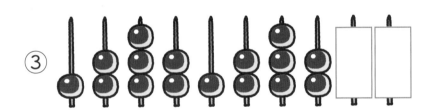

④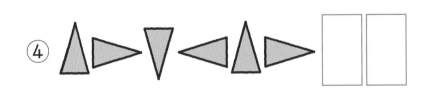

 きょうから くりかえしの もんだいだよ！

こたえ ▶ 88ページ

月　　日　　**10** ぷん

とくてん

てん

1 どんな　もようの　くりかえしに　なって　いますか。
▶からの　くりかえしの　くぎりに，　せん　を
ひきましょう。

1つ15てん【60てん】

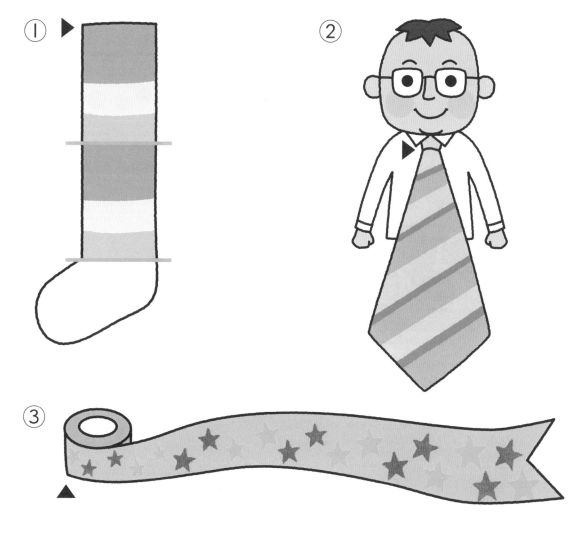

① ▶

②

③ ▲

④ ▲

どんな くりかえしに なって いますか。
くりかえす まとまりごとに, <u>せん</u>で かこみましょう。

1つ10てん【40てん】

①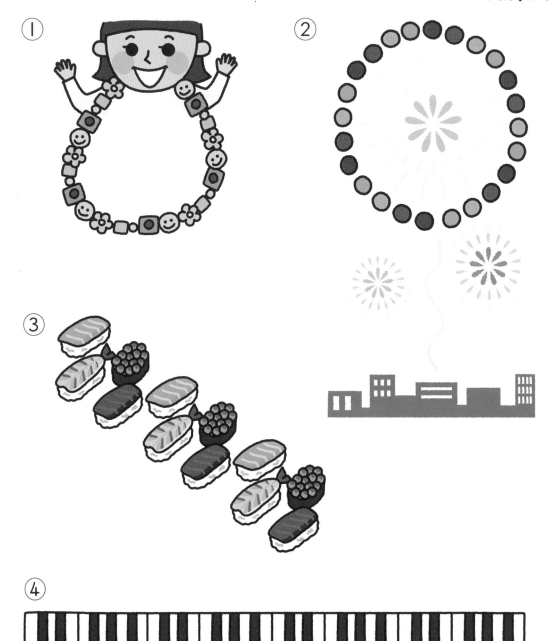

②

③

④

 くりかえしに ついて わかって きたかな?

こたえ ▶ 89ページ

1 おなじ ことばが くりかえされて います。
くりかえしの さかいめに せん｜を
ひきましょう。

1つ10てん【40てん】

みみ｜みみ と
いう ように、
えを ヒントに
しよう。

① きつつき きつつき きつつき

② はは の はは はは の はは はは の は

③ はは の はは はは はは の はは はは はは の はは

④ かたたたき かたたたき かたたたき

2 たいそうを して います。くりかえしの さかいめに
せん
│ を ひきましょう。

1つ15てん【60てん】

①

②

③

④

だんだん たのしく なって きたね！

こたえ ▶ 89ページ

月　日　10ぷん

とくてん

てん

1 つぎの ダンスの うごきを，フローチャートに かきました。
①，②に こたえましょう。

1つ20てん【40てん】

① アから エの うごきで，正しい
ものに ○を かきましょう。

ア　イ　ウ　エ

（　　）

ア　イ　ウ　エ

（　　）

この フローチャートでは，6つの
うごきを，ごうけいで
2かい くりかえすよ。

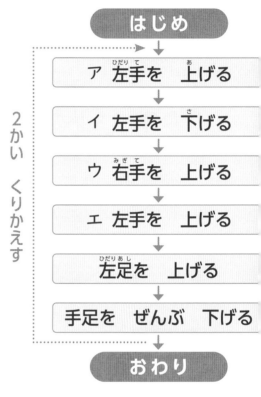

はじめ

ア　左手を 上げる

イ　左手を 下げる

ウ　右手を 上げる

エ　左手を 上げる

左足を 上げる

手足を ぜんぶ 下げる

2かい くりかえす

おわり

② フローチャートの とおりの ダンスに ○を
かきましょう。

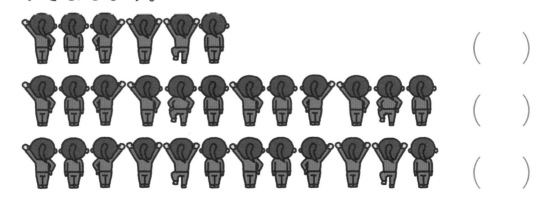

（　　）

（　　）

（　　）

55

2 バウムクーヘンを つぎの ように やいて います。

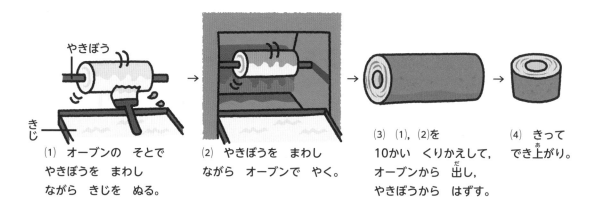

(1) オーブンの そとで やきぼうを まわし ながら きじを ぬる。

(2) やきぼうを まわし ながら オーブンで やく。

(3) (1), (2)を 10かい くりかえして, オーブンから 出し, やきぼうから はずす。

(4) きって でき上がり。

この つくりかたを フローチャートに まとめました。①から ③に あてはまる ものを, ▢から えらんで きごうを かきましょう。

1つ20てん【60てん】

ア やきぼうを まわす
イ きじを ぬる
ウ やきぼうを オーブン から 出す
エ 10　　オ 20

③には, くりかえす かいすうが 入るよ。

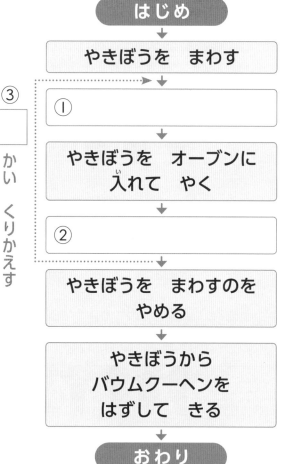

はじめ
↓
やきぼうを まわす
↓
①
↓
やきぼうを オーブンに 入れて やく
↓
②
↓
やきぼうを まわすのを やめる
↓
やきぼうから バウムクーヘンを はずして きる
↓
おわり

③ ▢ かい くりかえす

しんちょうに かんがえてね！

こたえ ▶ 90ページ

ルールを　すいりしよう

月　　日
とくてん

10
ぷん

てん

1 ふみきりは，おなじ　うごきを　くりかえして　います。
下の　えを　見て　①，②に　こたえましょう。1つ15てん【60てん】

えで　あらわした　もの

フローチャート

はじめ

くりかえす

でん車が　ちかづく

↓

けいほうきが
ア（　　　　　）

↓

しゃだんきが
イ（　　　　　）

↓

でん車が　とおりすぎる

↓

けいほうきが
ウ（　　　　　）

↓

しゃだんきが
エ（　　　　　）

① アと　ウに　あてはまる
ことばを，下の　□から
えらんで　かきましょう。

なる　　なりやむ

② イと　エに　あてはまる　ことばを，下の　□から
えらんで　かきましょう。

上がる　　下がる

2 ○町の　しんごうきでは，下の　ことを　くりかえして
います。△町の　しんごうきも，おなじように
しようと，フローチャートで　あらわした　ところ，
まちがえて　しまい，うまく　いきませんでした。

ぜんぶ　できて　1つ20てん【40てん】

○町の　しんごうき

赤を
1ぷんかん
つける。
→
青を
20びょうかん
つける。
→
青を
10びょうかん
てんめつさせる。

① 右の　フローチャートで，
　まちがえて　いる　（　　）の
　すべてに，×を　かきましょう。

② フローチャートを，
　どう　なおせば　よいですか。
　下から　えらび，□に
　きごうを　かきましょう。
　ア　「10びょうかん」を
　　　「20びょうかん」に　する
　イ　「1ぷんかん」を
　　　「20びょうかん」に　する
　ウ　「青」を　「赤」に　する
　エ　「赤」を　「青」に　する

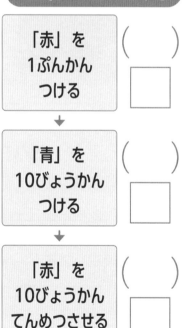

△町の　しんごうき

「赤」を
1ぷんかん
つける　（　　）□

「青」を
10びょうかん
つける　（　　）□

「赤」を
10びょうかん
てんめつさせる　（　　）□

くりかえしに　ついて　ばっちりだね！

こたえ ▶ 90ページ

すすみかたの きまり

1 スタートから　ゴールまで　いきます。わかれみちに
木が　あったら，大きい　木の　ほうへ，いわが
あったら，小さい　いわの　ほうへ　いきましょう。

【50てん】

木の　ばあいと
いわの　ばあいで，
えらぶ　みちが　かわるね。

2 スタートから　ゴールまで　いきます。
こおりの　ますめを　2つ　すすんだら，かならず　右か　左に
まがって　すすみましょう。

【50てん】

ちゃんと　ゴール　できたかな？

こたえ ▶ 91ページ

1 れいさんは，天気に　よって，出かける　ときの　ふくを
した
下のように　きめました。

つぎの　ふくを　きた　ときの　天気を，（　　）に
かきましょう。

1つ20てん【60てん】

①　　　　　　　　②　　　　　　　　③

（　　　　　）（　　　　　）（　　　　　）

2 れいさんは，天気と あつさや さむさに よって，出かける ときの ふくそうを 下のように きめました。

つぎの ふくそうを するのは，どんな 日かを ――せん―― で つなぎましょう。

1つ10てん【40てん】

くもりで さむい

はれで ふつうの あたたかさ

はれで あつい

雨で さむい

 よく がんばって いるね！

こたえ ▶ 91ページ

ばあいわけ
かいものの　きまり

1 けんさんは，おみせで　セール中の　ものを　かいもの
かごに　入れます。かごに　さかなが　入って　いる
ときは，にくは　入れません。つぎの　もんだいに
こたえましょう。

1つ20てん【60てん】

さかな　ぎゅうにゅう　とうふ　　にく　　たまねぎ　にんじん　キャベツ　じゃがいも

① セール中の　ものは　いくつ　ありますか。

（　　　　　）

② けんさんが　→の　じゅんに　すすんだ　とき，かごに
入れた　もの　すべてに，○を　かきましょう。

（　　　）さかな　　（　　　）ぎゅうにゅう　（　　　）とうふ

（　　　）にく　　　（　　　）たまねぎ　　　（　　　）にんじん

（　　　）キャベツ　（　　　）じゃがいも

③ けんさんが　←の　じゅんに　すすんだ　とき，かごに
入れた　もの　すべてに，○を　かきましょう。

（　　　）さかな　　（　　　）ぎゅうにゅう　（　　　）とうふ

（　　　）にく　　　（　　　）たまねぎ　　　（　　　）にんじん

（　　　）キャベツ　（　　　）じゃがいも

2 みくさんが, おみせで かいものを します。→の
じゅんに すすみ, セール中（ちゅう）の ものを かいます。

１つ20てん【40てん】

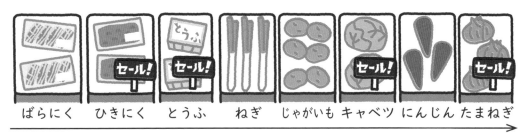

ばらにく　ひきにく　とうふ　ねぎ　じゃがいも　キャベツ　にんじん　たまねぎ

① みくさんの かった ものを すべて かきましょう。

[

]

② ひきにく,ねぎ,とうふが そろったら……マーボーどうふ
ばらにく, とうふが そろったら………… にくどうふ
ひきにく, たまねぎ, キャベツが そろったら
……ロールキャベツ
ばらにく,たまねぎ,じゃがいも,にんじんが そろったら
………………カレー

上（うえ）の レシピで りょうりを つくろうと おもいます。
なにを つくれば よいですか。

セールか
どうかで,
りょうりが
かわるね。

(　　　　　　　　　　　　　)

だんだん むずかしく なって きたね！

こたえ ▶ 91ページ

じどうはんばいきの　きまり

1 じどうはんばいきで　100円の　のみものを　かう
ときの　しくみを，フローチャートに　まとめました。

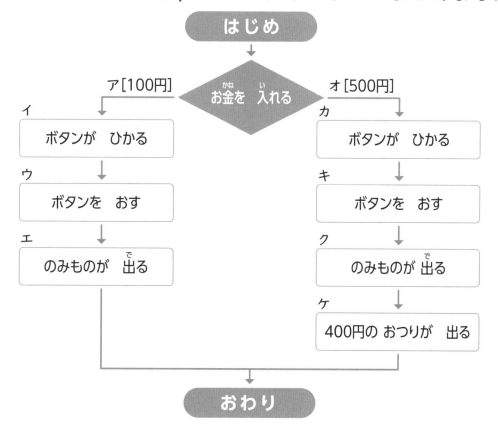

つぎの　えは，アから　ケの　どれを　あらわして
いますか。きごうを　すべて　かきましょう。1つ10てん【50てん】

① ② ③ ④ ⑤

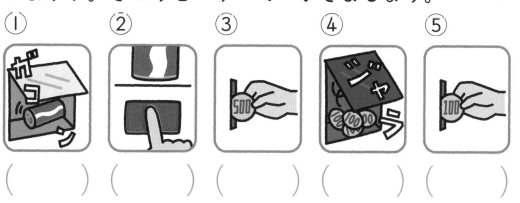

（　　　）（　　　）（　　　）（　　　）（　　　）

2 じどうはんばいきで 150円の のみものを かう
ときの しくみを, フローチャートに まとめました。
つぎの もんだいに こたえましょう。

1つ10てん【50てん】

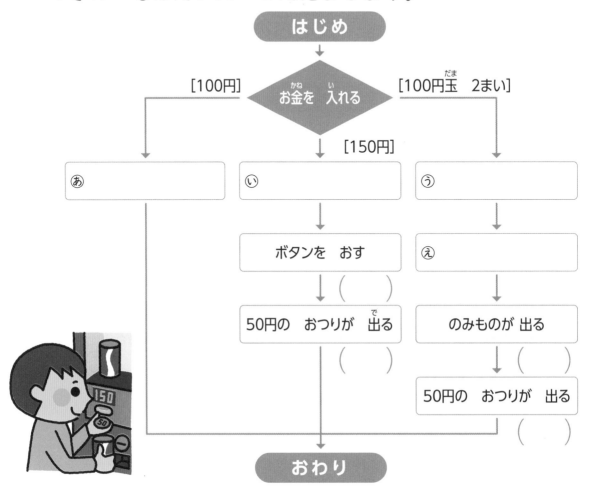

① ⓐから ⓔに あてはまる ものを, ▢から
えらび, フローチャートに きごうを かきましょう。
② 上の フローチャートに まちがいが あります。正しい
ものを ▢から えらび,(　　　)に きごうを かきましょう。

ア ボタンを おす	イ ボタンが ひかる
ウ ボタンが ひからない	エ のみものが 出る

あと すこしだよ! がんばって!

こたえ ▶ 92ページ

32 ばあいわけ
はなしあいの　きまり

1 花だんに　まく　たねに　ついて　クラスで　はなしあって
います。あさがお, ひまわり, ほうせんかの　うち, おおくの
人が　まきたいと　おもう　たねを　まく　ことに　します。
きめかたを　フローチャートで　あらわしました。

1つ25てん【50てん】

① イで, 下のように　なった
ばあい, ウで　どの　たねを
しらべますか。

あさがお　　　ひまわり　　ほうせんか

8人　　　　　6人　　　　4人

（　　　　と　　　　　　）

② イで のこらなかった たねを
えらんだ 人が, ぜんいん
2ばんめに 人気の あった
たねを えらびました。オで
どの たねを まく ことに
なりますか。

（　　　　　　　　）

はじめ

↓

ア　3つの　たねで　いちばん
まきたい　たねを　しらべる

↓

イ　たねごとに　まきたい
人ずうが　わかる

↓

ウ　人気の　ある　2つの
たねで, どちらを
まきたいか　しらべる

↓

エ　たねごとに　まきたい
人ずうが　わかる

↓

オ　人ずうの　おおい
たねを　まく

↓

おわり

2 クラスの, そうじとうばんの こうたいに ついて,
フローチャートのように きめる ことに なりました。
⬜ から こたえを えらび, きごうで こたえましょう。

あ　ア→イ→ウ
い　ア→エ→オ→カ→キ
う　ア→エ→オ→ク→ケ

① そうじとうばんが
1日こうたいに
きまるのは, どの
ような ばあい
でしょう。

(　　　　　)

② きまらずに, もう
1ど はなし
あう ことに
なるのは, どんな
ばあいでしょう。

(　　　　　)

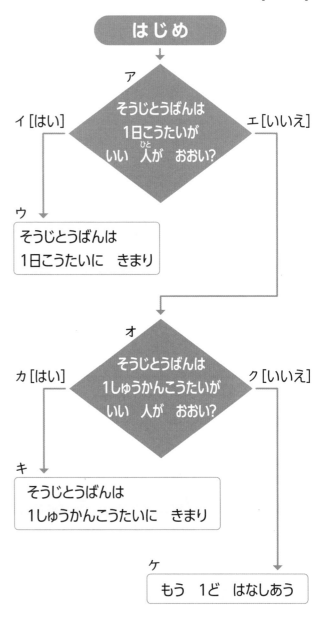

おつかれさま！ まとめテストに ちょうせんしよう！

こたえ ▶ 92ページ

1 グラムはかせは，きかいで
います。さいごに　つくる
くりかえし　入れて，はを

ワニロボットを　つくって
ものは　はです。∨と　∧を
つくります。

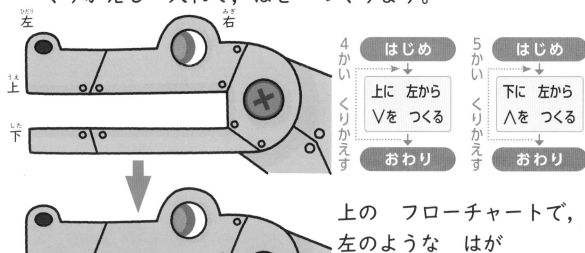

左 右

上

下

4かい くりかえす

はじめ
↓
上に　左から
∨を　つくる
↓
おわり

5かい くりかえす

はじめ
↓
下に　左から
∧を　つくる
↓
おわり

上の　フローチャートで，
左のような　はが
でき上がりました。

あなたも　フローチャートに
くりかえしの　かずを　かき，
ワニロボットの　はを　つくり
ましょう。

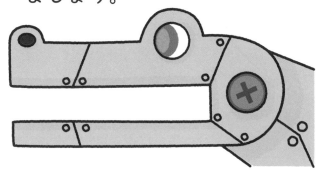

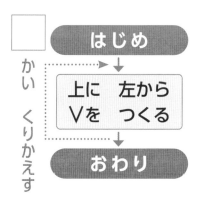

かい くりかえす

□

はじめ
↓
上に　左から
∨を　つくる
↓
おわり

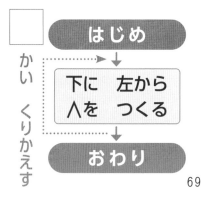

かい くりかえす

□

はじめ
↓
下に　左から
∧を　つくる
↓
おわり

2 グラムはかせは，けんきゅうじょの　マークを
デザインする　ことに　しました。17この
・を　つなぎます。フローチャートのように
つないだら，下のような　図に　なりました。

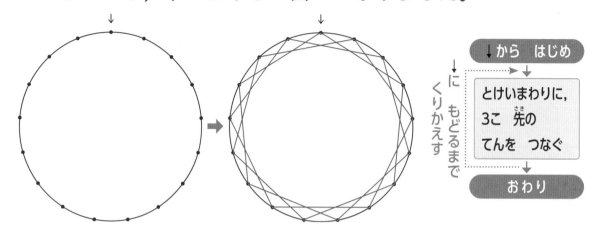

↓から　はじめ

とけいまわりに，
3こ　先の
てんを　つなぐ

↓に
もどるまで
くりかえす

おわり

あなたも　下の　フローチャートに　かきこんで，
すてきな　デザインを　つくって　みましょう。

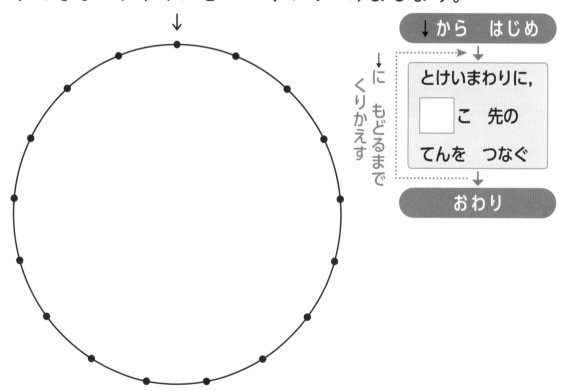

↓から　はじめ

とけいまわりに，
□こ　先の
てんを　つなぐ

↓に
もどるまで
くりかえす

おわり

こたえ ▶ 93ページ

月　日 **20**
とくてん

てん

1 下の　いたは，どんな　かたちに　わけられますか。
わけられる　かたちの　すべてに　○を　かきましょう。

ぜんぶ　できて【20てん】

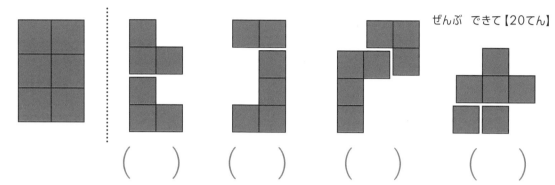

（　　）　　（　　）　　（　　）　　（　　）

2 右の　カードを　なかまごとに
わけて，□に　かきましょう。

1つ5てん【15てん】

① すうじ　（　　　　　　　）　　② ひらがな（　　　　　　　）

③ かたかな（　　　　　　　）

3 くつばこが　あります。①から　③に　きごうで　こたえましょう。

1つ5てん【15てん】

① 上から　4だんめの　くつばこを
すべて　かきましょう。

（　　　　　　　　　　）

② 左から　3れつめの　くつばこを
すべて　かきましょう。

（　　　　　　　　　　）

③ 上から　5だんめ，左から
4れつめの　くつばこを
かきましょう。

（　　　　　　　　　　）

	上			
	1	2	3	4
1	ア	イ	ウ	エ
2	オ	カ	キ	ク
3	ケ	コ	サ	シ
4	ス	セ	ソ	タ
5	チ	ツ	テ	ト
6	ナ	ニ	ヌ	ネ

左　　　　　　　　　右

下

4 ・が 下（した）の ますを、
フローチャートのように
すすんだ とき、どこまで
いきますか。ばしょに
ア，イを かきましょう。

1つ10てん【20てん】

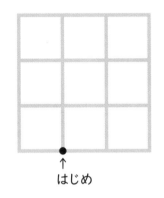
↑
はじめ

5 右（みぎ）の みちを、①，②のように
すすみました。それぞれを
フローチャートに まとめます。
□に あてはまる ものを、
[____]から えらび、きごうで
かきましょう。

1つ5てん【30てん】

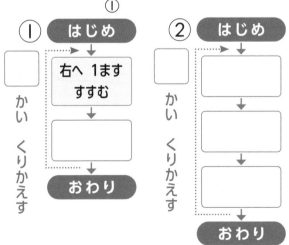

ア 3　　イ 5
ウ 6
エ 右へ 1ます すすむ
オ 左へ 1ます すすむ
カ 上へ 1ます すすむ
キ 下へ 1ます すすむ

こたえ ▶ 94ページ

72

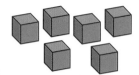

月　日　**20**
とくてん

てん

1 つぎの　ルールで　下の　つみ木を　すべて　つみます。
　・左から　じゅんに　つむ。
　・上の　だんに　つむ　ときは, 下の　だんと
　　おなじ　かずか, 1こだけ　すくなく　つむ。

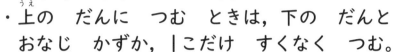

正しく　つめた　かたちに　○を　かきましょう。

ぜんぶ　できて【20てん】

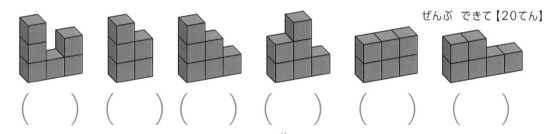

　（　　）　（　　）　（　　）　（　　）　（　　）　（　　）

2 かずを　かいた　カードを　出しあいます。
あい手より　大きな　かずを　出す　ことが
ルールです。つぎの　とき, あい手の　出せる　かずを
すべて　かきましょう。

1つ10てん【20てん】

ひろさん　2　5　7　9　　くみさん　3　4　6　8

① ひろさん　2　→　くみさん　（　　　　　　　　　　）

② くみさん　4　→　ひろさん　（　　　　　　　　　　）

3 つぎの　①, ②は　なんの　虫ですか。下の　ヒントを
よんで, □に　かきましょう。

1つ10てん【20てん】

① 1・3ばんめは　じゅんに「か・き」。
　2・4ばんめは　じゅんに「ま・り」。

② 3・5ばんめは　じゅんに「が・む」。
　2・4・6ばんめは
　じゅんに　「わ・た・し」。

4 夕しょくを，下のように，一口ずつ
たべる　ルールに　しました。

- ・さいしょの　一口は　みそしるに　する。
- ・おなじ　ものを　つづけない。
- ・ごはんは　ほかよりも　かいすうを
　おおく　する。

これを　くりかえす　ことを，右の
フローチャートに　まとめます。☐から
あてはまる　ものを　えらび，☐に　きごうを
かきましょう。

ぜんぶ できて【20てん】

> ア　みそしるを　のむ　　イ　おかずを　たべる
> ウ　ごはんを　たべる

スタート

おわるまで　くりかえす

5 右の　フローチャートの
ように，めいろを
すすみます。
①，②から　スタート
すると，それぞれ
どこに　つきますか。
きごうで
こたえましょう。

1つ10てん【20てん】

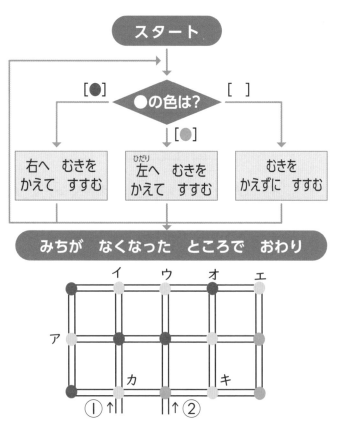

スタート

[●] ●の色は？ [　]

[●]

右へ　むきを　かえて　すすむ

左へ　むきを　かえて　すすむ

むきを　かえずに　すすむ

みちが　なくなった　ところで　おわり

① (　　　)
② (　　　)

こたえ ▶ 95ページ

スクラッチジュニアを やって みよう!

おうちの 人に スクラッチジュニアを
インストールして もらって, どうがを
見ながら さわって みましょう。

 ☞ この アイコンを
おして スタート!

どうがを 見ながら
やって みよう!

ScratchJrは, タフツ大学のDevTech研究グループ, MITメディアラボのライフロング幼稚園グループ,
プレイフルインベンションカンパニーの共同制作です。https://www.scratchjr.org/から自由に入手できます。

1 「じぶんのぷろじぇくと」を ひらく

アプリを ひらいたら, 下の じゅんばんに ボタンを
おして 「じぶんのぷろじぇくと」を ひらきましょう。

❶ ホームボタンを おす

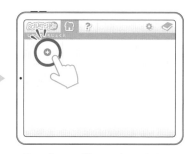

❷ プラスボタンを おして
「じぶんのぷろじぇくと」へ

 を おすと
まえの がめんに
もどる

おうちの方へ

ScratchJrの情報などは, 下記サイトをご確認ください。ここで紹介するゲームは「はじめ
てのプログラミング」「プログラミング」の2冊で同じものを扱っています。

▶ 毎日のドリル プログラミング オンライン教材学習ページ
https://gakken-ep.jp/extra/maidori_programming/

※この本で使用しているScratchJrは, iPad版ver1.3.0です。お使いの端末やアプリのバージョンによって, 画面の色や見え方が異なります。
※お客様のネット環境および端末によりアプリをご利用できない場合, 当社は責任を負いかねます。通信料等はお客様のご負担になります。
ご理解・ご了承いただきますよう, お願いいたします。

2 やりかたの　きほん

「うみで　およぐ　さかな」の　ゲームを　つくりましょう。

どうがは　とめながら
見ても　いいよ。

まずは，どうがのように　はいけいを　「すいちゅう」に，
キャラクターを　「さかな」に　かえて　みましょう。

▶ **はいけいの　かえかた**

❶「はいけいのへんこう」を　おす

❸「ほぞん」を　おす

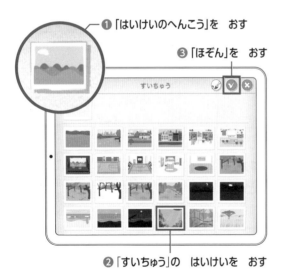

❷「すいちゅう」の　はいけいを　おす

▶ **キャラクターの　かえかた**

❶ プラスボタンを　おす

❸「ほぞん」を　おす

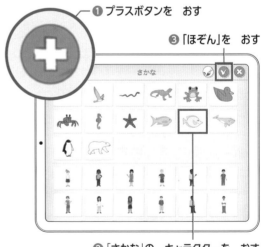

❷「さかな」の　キャラクターを　おす

おうちの方へ

　初期画面にあるキャラクターや一度設定したキャラクターを削除する場合は，削除したいキャラクターを長押しして現れる ✖ のボタンをタップしてください。

　ステージの背景やキャラクターは自分でかくこともできます。自分でかいた背景やキャラクターは自動で保存されます。

つぎに, どうがのように ブロックを つなぎましょう。
がめんの 上の ▐ を おすと さかなが うごきます。
うまく いったら じぶんで ブロックを かえて みて
うごきが どう かわるか, いろいろ ためして みましょう。

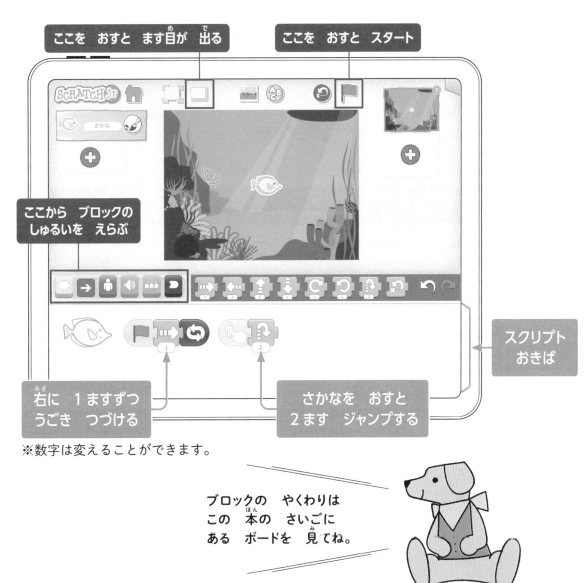

ここを おすと ます目が 出る

ここを おすと スタート

ここから ブロックの
しゅるいを えらぶ

スクリプト
おきば

右に 1ますずつ
うごき つづける

さかなを おすと
2ます ジャンプする

※数字は変えることができます。

ブロックの やくわりは
この 本の さいごに
ある ボードを 見てね。

おうちの方へ

　画面に指が何本も触れていると, うまくドラッグ&ドロップ操作ができません。1本の指だけが画面に触れるようにさせましょう。まちがえてスクリプト置き場（画面下部のスペース）に持ってきてしまったブロックは, スクリプト置き場の外にドラッグすることで消すことができます。画面右下にある1つ前に戻るボタン ↰ でも, まちがいの取り消しができます。

13 ゲームを つくろう

どうがを 見_みながら，すきな ゲームを つくって みましょう。

さがしもの

へやの 中_{なか}に ある さがしものを
見つけて タッチしよう。

 どうがは ここから 見られるよ!

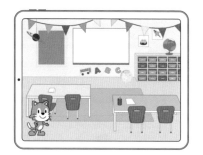

ゴールを きめろ

タイミング よく シュートして
ゴールを きめよう。

 どうがは ここから 見られるよ!

そらの たび

とんで くる とりを よけながら
ひこうきで そらを とぼう。

 どうがは ここから 見られるよ!

ほかにも じぶんで
すきな ゲームを つくって みよう!

こたえとアドバイス

① なかまに わけよう①　5〜6ページ

1①

（ア）と（イ）

②

（ウ）と（カ）

2①（イ，ウ，オ，ク）と
　（ア，エ，カ，キ）
②（ア，イ，ウ，カ）と
　（エ，オ，キ，ク）

アドバイス　**1**①　まず色の違いに注目させましょう。何色の絵かを確認しながら，線をなぞらせるとよいでしょう。線で分けたあとに，2つのグループに当てはまる記号を選択させましょう。

②　1つ1つ何の絵かを確認し，選択肢と比較検討するようにさせましょう。

2　1つのものが，着眼点によっていろいろななかまに分けられることに気づかせましょう。

② なかまに わけよう②　7〜8ページ

1①ア，イ，エ，オ

②ウ，カ　③エ，オ
2①イ　②エ　③ウ　④ア

アドバイス　**1**③　エとオは，果物とケーキの，両方の要素を含んでいることに注目させましょう。

2　まずは器の中身を確認しながら絵をよく見ます。選択肢とよく見比べて，どのなかまになるか，慎重に判断するように促しましょう。

③ かたちに わけよう①　9〜10ページ

1①ウ，キ，サ
②イ，エ，オ，ク
③ア，カ，ケ，コ
2①ア，オ
②イ，エ，キ
③ア，ウ，オ，カ
④イ　⑤エ，キ

アドバイス　**1**　日常生活で見る図形は，正確なものでないものもあります。ここではおよその形で分類します。ア，ケ，サは，側面から見れば四角形です。お子さんが四角形ととらえる見方を説明できれば，四角形と答えても正解になります。

2　この問題では，日常の経験や観察も大切です。ショベルカーやブルドーザーは，道路を走ることもできますが，工事現場で使うことを目的とした車両なので，ここでは③に含んでいません。

④ かたちに わけよう②　11~12ページ

1 ①

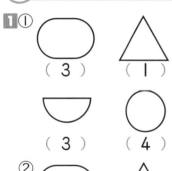

（ 3 ）　（ 1 ）

（ 3 ）　（ 4 ）

②

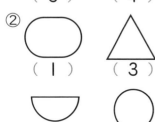

（ 1 ）　（ 3 ）

（ 0 ）　（ 5 ）

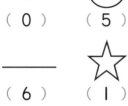

（ 6 ）　（ 1 ）

2 ①ア，ウに○

②イ，ウに○

◢アドバイス　**1**　パンダとネコの顔のそれぞれを構成する形に着目させます。大きさや向きが異なると，同じ形と認識できないことがあるので，気をつけさせます。

②では，使っていない形があることに気づくことが大切です。

2　着眼点を変え，さまざまな分け方があることに気づかせてください。次のように，問題の形に線を入れながら考えるとよいでしょう。

①

ア　　ウ

②

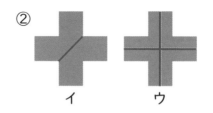

イ　　ウ

⑤ うごきを よく 見よう　13~14ページ

1 ①ア，イ，ウ

②ウ，エ，オ

2 ①ア，ウ，オ

②イ，ウ，オ

③ウ，オ

④エ，オ

3 ①4　②2　③2　④4

◢アドバイス　**1**①　ウは両手を上げているため，右手も左手も上げている動きであることに注意させましょう。

2　オは，ジャンプしているところですが，手足の1つ1つに着目すると，「右手，左手，右足，左足，すべてを上げている」ととらえることができます。

3　例にあるそれぞれの動きとよく見比べながら，しっかり確認させましょう。下のようにすべて書き出せば，間違えにくいことに気づかせてもよいでしょう。

①ア，イ，ク，コ

②キ，ケ

③ウ，エ

④オ，カ，サ，シ

6

1 ①②③④

2 ①②③④

7

1 ①②③④

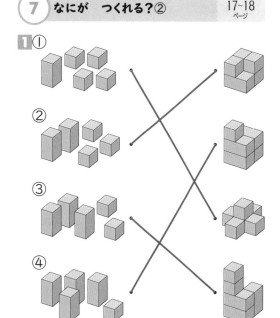

2 ①ア，ウ
②イ，ウ，エ

1 ①シチュー
②にくじゃが
③カレー

2 ①エ，キ　が書かれていたら正解
②イ，ウ，ク　が書かれていたら正解

アドバイス　**1**　いろいろな食材がありますが，決め手となるのは，ケ（カレー），コ（シチュー），ウとク（肉じゃが）です。これらの食材で判断することに気づかせてください。

2　カレーにエ，キが使われ，クリームシチューにイ，ウ，クが使われてさえいれば，それ以外は自由な発想で選べます。

1 ①なわとび，バドミントン，
おにごっこ
②なし　③かくれんぼ
④かくれんぼ

2 ①しょうぎ　②トランプ
③「したい。」に　○
④トランプ

アドバイス　**1**　バラバラなことを話しているようでも，①〜③のような順に整理すると，傾向がはっきりすることを確認させましょう。

①や②では，「１人だけ」「２人だけ」という言葉に注意しながら，答えさせるようにしてください。

2　けいたさんの，ほかの人がしたい遊びでもよいと話している意味を正しく理解させましょう。このことか

ら，トランプが４人の希望に該当することに気づかせましょう。

1 ①パンダ，コアラ，ライオン
②ゾウ，キリン，ゴリラ
③チーター，シマウマ

2 ①トラ
②パンダ，クマ
③コアラ，ライオン，チーター，
ゾウ，シマウマ

アドバイス　**1**　③にある「すくなくとも　２人」とは，この場合，２人または３人のことを表します。動物ごとに，絶対見たい人数と，できれば見たい人数を，下のような表にまとめると，見のがしが減ることをアドバイスしてください。

	絶対	できれば
パンダ	○○	
コアラ	○○	
ライオン	○○	○
ゾウ	○	○
ゴリラ	○	○
チーター		○○
キリン	○	
シマウマ		○○
サル		○

2　整理された表を，正しく読み取る練習です。これもプログラミング的思考には大切です。

動物ごとの縦の列を見ると，絶対見たい人数と，できれば見たい人数を，数えることができます。

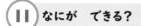

11 なにが できる？ 25~26ページ

1 （例）

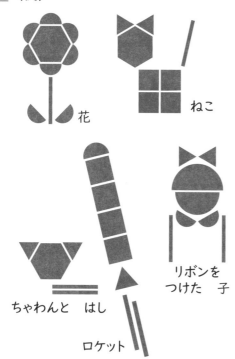

花
ねこ
ちゃわんと はし
リボンを つけた 子
ロケット

2 （例）

さめ　あゆ　たい　うし
こな　かみ　つり

ま	た	い	さ
ほ	こ	う	め
つ	な	し	あ
り	み	か	ゆ

● アドバイス　**1**　お子さんがつくったもののほかに，どんなものができるか楽しく考えさせてみましょう。

2　文字を読む方向は自由なので，多くの言葉をつくることができます。

---

12 どの おべんとうを かう？ 27~28ページ

1 ①ウ　②ア　③イ

2 ①イ，ウ　②ア，エ
③ア，ウ　④ア，オ

● アドバイス　**1**　指定した2つが，どちらも入ったお弁当を見つけます。

2　条件にあてはまるお弁当が，複数になる場合もあるので注意が必要です。もれなく見つけられるように助言してあげてください。

③のたまごに，2種類あることに注意させましょう。

---

13 すいりを しよう 29~30ページ

1 ① | た | い | こ |

② | バ | ナ | ナ |

③ | れ | い | ぞ | う | こ |

2 ① | か | ぐ | や | ひ | め |

② | か | ち | か | ち | や | ま |

③ | い | っ | す | ん | ぼ | う | し |

● アドバイス　**1**　それぞれの条件に合うように，□に書きこみながら考えるよう，促してください。

③は，「だいどころに ある」を手がかりにして，5つの文字のうち，わからない2つの文字を考えさせましょう。

2　問題文の「昔話」も推理のための条件になっていることを，見落とさずに確認させましょう。

⑭ どれなら 気に入る？

1 ①イ，エ，カ　　②ア，エ，キ
　③ア，オ，ク　　④ウ

2 ①ゆかさん，たかおさん
　②ゆかさん，まよさん
　③エ

● アドバイス ▶ **1** 数学的な用語を使うと，①のたつやさんの好きな服は，しま模様「または」ポケットがある服となります。これは，服にしま模様かポケットのどちらかが，片方でもあればよいことを意味しています。

2 3人の好きな条件をよく読み，カップの記号を書き出してみるように促すとよいでしょう。
ゆかさん……イ，ウ，エ
たかおさん…ア，ウ，エ，オ
まよさん……ア，イ，エ
を好んでいます。

⑮ けいかくを 立てよう

1
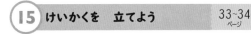
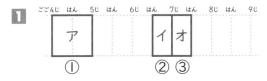

④はい

2
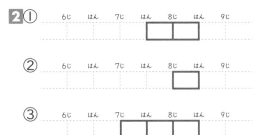

● アドバイス ▶ **1** まずは時間を表す帯の意味を理解するようにします。

　左から，午後4時，4時半，5時，5時半，6時，6時半，7時，7時半，8時，8時半，9時と，時間が流れていることに気づかせましょう。

　ここでは条件を図にまとめると，わかりやすくなることにも着目させてください。フローチャートへつながる練習です。

2 まずは，よしさんがお風呂に入る条件を考えさせましょう。午後7時～7時半，7時半～8時，8時～8時半の3つの時間帯で入るということです。

　①お父さんが7時15分に帰る月～木曜日は，7時～7時半の時間帯はよしさんはお父さんとお風呂に入れません。

　②お父さんが7時50分に帰る金曜日は，8時～8時半の時間帯にのみよしさんがお父さんとお風呂に入れます。

　1つ1つ整理しながら考えるように促しましょう。

16 正しく つくろう

16 正しく つくろう 35~36ページ

1 ①

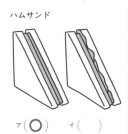 

ハムサンド　　　　　ツナマヨサンド

ア（○）　イ（　）　ウ（　）　エ（○）

②ハムサンド （レタス）

　ツナマヨサンド（チーズ）

2 ①

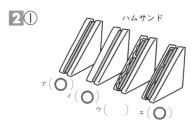

ハムサンド

ア（○）イ（○）ウ（　）エ（○）

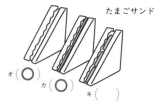

たまごサンド

オ（○）カ（○）キ（　）

②ハムサンド　　（たまご）

　たまごサンド（きゅうり）

◢アドバイス **1** 数学的な用語を使うと, ハムサンドは, ハムを使う「かつ」チーズを使うとなります。一方でも使っていないと, 条件に合わないことを理解させましょう。

2 ハムサンドは, ハムが必須で, チーズまたはきゅうりをはさんでもよい, が条件です。チーズときゅうりを両方はさんでいても可ですが, チーズときゅうり以外がはさんであると不可となります。たまごサンドは, たまごが必須で, ほかに加えてもよいものは, トマトだけとなります。

17 どの じゅんに のせた?① 37~38ページ

1 ①ア→ウ→イ

　②エ→ウ→イ→ア

2 ①エ→ア→イ→ウ

　②イ→エ→ア→ウ

　③ウ→イ→ア→エ

◢アドバイス **1** プログラミングの「じゅんじょ」の考え方を学ぶと, ものの作られ方や成り立ちを推理する力が養われます。ここでは, 下にある理由は先に置いたからだということに気づくことができます。

①では, バナナの上にヨーグルトがかかっていることに着目させ, バナナの後にヨーグルトをかけたことに気づかせましょう。

2 下から順に積み上げていく手順に気づけば, 難しくはないでしょう。どの積み木をどう積んだのか, しっかり形も確かめるように促しましょう。

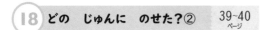

18 どの じゅんに のせた？② 39~40ページ

1①
②
③

ア→オ→ウ→エ→イ
ア→ウ→エ→オ→イ
ア→エ→オ→ウ→イ

2①（エ→ウ→イ→ア）
②（イ→ウ→エ→ア）
③（ア→イ→ウ→エ）
④（イ→エ→ウ→ア）

アドバイス **1** 考え方はこれまでと同じです。下から作っていくことを確認し，具材をよく見て選んでいくよう，促してください。

2 重なり方を見て，順番を推理します。③と④の順番の判断は難しいかもしれませんが，③のエと④のアの上には，何も重なっていないことが決め手になります。

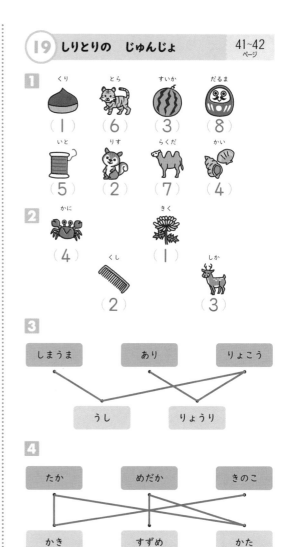

19 しりとりの じゅんじょ 41~42ページ

1 くり（1） とら（6） すいか（3） だるま（8）
いと（5） りす（2） らくだ（7） かい（4）

2 かに（4） きく（1） くし（2） しか（3）

3 しまうま あり りょこう
うし りょうり

4 たか めだか きのこ
かき すずめ かた

アドバイス **2** 「きく」の「き」で終わる言葉がないことから，「きく」が最初と考えられます。「かに」の「に」から始まる言葉がないことから，「かに」が最後だと考えられます。

4 「す」で終わる言葉がなく，「こ」で始まる言葉がないことから，「すずめ」が最初で，「きのこ」が最後と考えられます。「めだか」の後は「かた」と「かき」で迷いますが，最後の「きのこ」へつながる「かき」ではないと判断することができます。

1 ①イ

②ウ

2

ひろさんの　いえ→

はじめ

3
はじめ	
↓	
まっすぐ　いく	（　）
↓	
かどを　左へ　いく	（　）
↓	
かどを　左へ　いく	（ × ）
↓	
かどを　右へ　いく	（　）
↓	
おわり	

🖉アドバイス　**1**　順序を示した図を「フローチャート」といいます。線に沿って１ます分ずつ進むことを、理解させてください。①にある「左をむく」では、向きが変わるだけの指示であることに注意させましょう。

2　２つ目の交差点（フローチャートの４番目）では、左から右方向へ進んできたので、左は図の上側にあたることに注意させましょう。どちらを向いて進んでいるのかを常に意識するよう、アドバイスしてください。

3　実際にたどってみます。上から３番目は、「右へいく」なら正しいフローチャートになります。

1 左

2（上から順に）

左

右

右

3 ①ア

②（上から順に）

ア

ア

ウ

ア

🖉アドバイス　**1**　まず絵とフローチャートとを見比べて、書き表し方を理解します。２またに分かれたところを「わかれみち」といっています。

2　実際に道をたどりながら確認していくとよいでしょう。

3　見通しを立てるため、指で図の太線をたどるのもよいでしょう。指が進行方向に向くようにたどり、交差点で「左を向く」際は、指の爪先を左に向けます。

22 じゅんに たどって

1 （例）

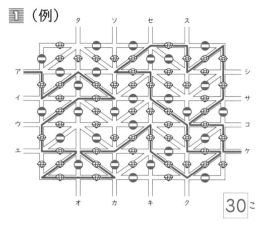

タ　ソ　セ　ス

ア　　　　　　　　　　　　　シ

イ　　　　　　　　　　　　　サ

ウ　　　　　　　　　　　　　コ

エ　　　　　　　　　　　　　ケ

オ　カ　キ　ク

30こ

2 ［まささん］

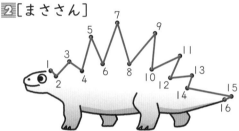

［まなさん］

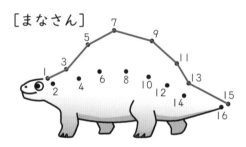

［あなた］
（例）

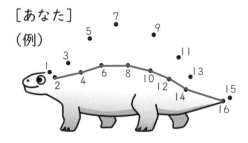

（！アドバイス） **1** 多くのダイヤを集めるためには，いきどまりをよけながら決めた出口に向けて遠回りするとよいことに気づかせましょう。

2 例のように，2，4，6，…とつなぐやり方もあります。

---

23 どんな ならびかた？

1 ①ア　　②イ　　③ウ　　④イ

2 ①　　　　　　ア／イ

②　　　　　　イ　ア

③　　　　　　ア　イ

④　　　　　　ウ　ア

（！アドバイス） **1**① 同じ色の靴が2つ（一足）ずつ並んでいます。

② 🌷→🌷→🌷 のくり返しです。

③ 🍎→🍎→🍎 のくり返しです。

④ ▢→⛰→▢ のくり返しです。

2② ✊→✌→✋ のくり返しです。

③ だんごの数が，1，2，3，2をくり返しています。

④ ◿→▷→▽→◁ のくり返しです。

1 ① ▶ ② ▶

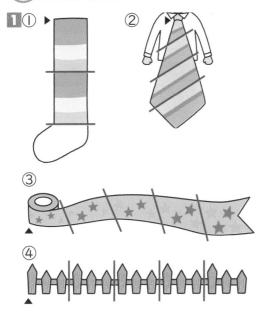

③ ▲

④ ▲

2 ①

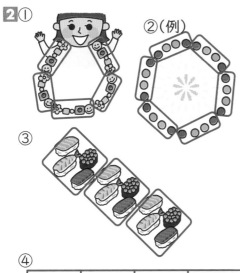

②（例）

③

④

1 ①
きつつき｜きつつき｜きつつき
②
ははのは｜ははのは｜ははのは
③
ははのはは｜ははのはは｜ははのはは
④
かたたたき｜かたたたき｜かたたたき

2 ①

②

③

④

！アドバイス　**1**　絵をヒントに，楽しく取り組ませましょう。

2　体操では，くり返しが頻繁に出てきます。意識してみると種類，リズム，運動の重要性などを考えることができ，楽しいでしょう。

④では，両うでを挙げる絵が多いことに注意させながら，正しいくり返しを見つけさせましょう。

！アドバイス　**1**　▲を起点に，並び方をよく見るように促してください。
2②　例と囲み方が異なっていても，囲んだ中に，●○○○●が１つずつ入っていれば，正解です。

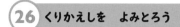

26 くりかえしを よみとろう 55~56ページ

1 ①

（○）

（　）

②

（　）
（　）
（○）

2 ①イ　②ウ　③エ

◎アドバイス　**1** ①　フローチャートの「エ　左手を上げる」では，特に右手に関しての指示がないため，右手は上げたままになります。この点に留意させましょう。

2　まずは絵と説明から，焼き方の手順をつかみます。焼き棒を回転させたまま，手前に引き出したとき生地を塗り，オーブンに入れたとき焼きます。手順とフローチャートの表現をよく見比べさせましょう。

27 ルールを すいりしよう 57~58ページ

1 ①ア…なる　　ウ…なりやむ
　②イ…下がる　　エ…上がる

2 ①②

△町の しんごうき

「赤」を 1ぷんかん つける（　）□

↓

「青」を 10びょうかん つける（×）ア

↓

「赤」を 10びょうかん てんめつさせる（×）エ

◎アドバイス　**1**　踏み切りでは，電車が近づくと警報機が鳴り，遮断機が下ります。電車が通り過ぎると警報機が鳴り止み，遮断機が上がります。絵を見ながら，その流れとフローチャートを見比べさせましょう。

2　プログラムの不具合を見つけることを「デバッグ」といいます。○町の見本とフローチャートとをよく見比べるようにさせましょう。

28 すすみかたの きまり

1

2

アドバイス **1** 木がある場合と，岩がある場合とで，道の選び方が変わります。立ち止まって確認させましょう。

2 どちらかに曲がったとき，行けないルートもあることも確認し，たどらせましょう。

29 天気ごとの きまり

1 ①雨　②くもり　③はれ

2
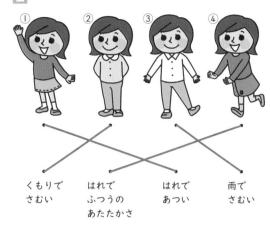

くもりで　　はれで　　　　はれで　　　雨で
さむい　　　ふつうの　　　あつい　　　さむい
　　　　　　あたたかさ

アドバイス **1** 下半身の服装は判断に入らないことを確認させましょう。

2 天気と気温の2つの場合の組み合わせによって，服装が変わることを確認させましょう。

30 かいものの きまり

1 ①5つ

②
（○）さかな　（　）ぎゅうにゅう（○）とうふ
（　）にく　　（　）たまねぎ　　（　）にんじん
（○）キャベツ（○）じゃがいも

③
（○）さかな　（　）ぎゅうにゅう（○）とうふ
（○）にく　　（　）たまねぎ　　（　）にんじん
（○）キャベツ（○）じゃがいも

2 ①ひきにく　　とうふ　　キャベツ
たまねぎ

②ロールキャベツ

アドバイス **1**② セールのものを買うだけでなく，「かごに さかなが 入って いる ときは，にくは 入れない」という条件に注意します。

31 じどうはんばいきの きまり

1 ①エ　ク　　②ウ　キ　　③オ
　　④ケ　　　⑤ア

2

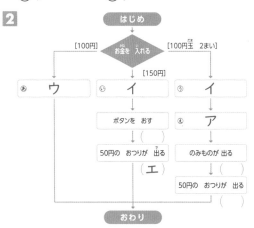

アドバイス　**1**　実際に自動販売機
で買ってみると，わかりやすいでし
ょう。こうした仕組みには，プログ
ラミングが施されています。

2　②デバッグの問題です。150円
を入れたときは，飲み物が出ておつ
りが出ないことを確認させましょう。

32 はなしあいの きまり

1 ①あさがお　と　ひまわり
　　②ひまわり

2 ①あ
　　②う

アドバイス　**1**①　ほうせんかを選
んだ人が最も少なかったので，ほう
せんかを除いて，上位2つの花で，
再度アンケートをとるという流れを
確認させましょう。

②最初のアンケートで，ほうせん
かを選んだ4人が，あさがおよりも
ひまわりを選んだという流れを確認
させましょう。

2　次の図のような流れになることを
確認させましょう。

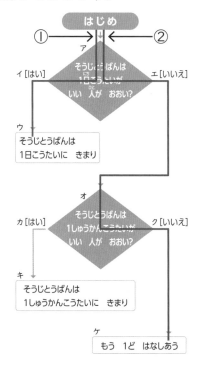

1 例

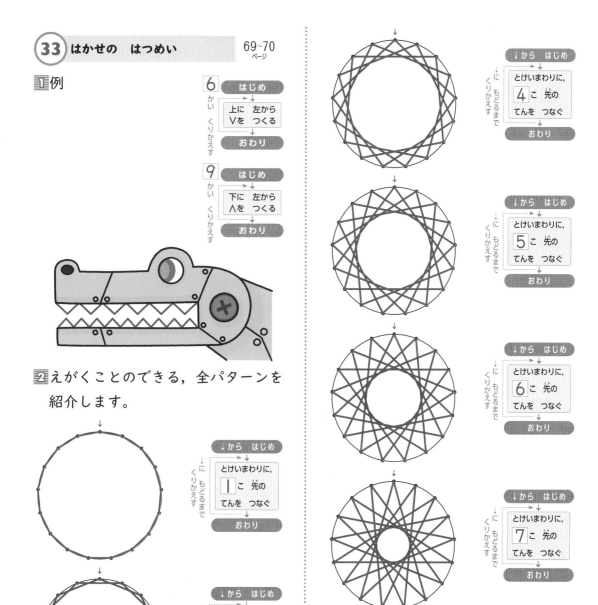

6 かい くりかえす	はじめ
	上に　左から Vを　つくる
	おわり

9 かい くりかえす	はじめ
	下に　左から ∧を　つくる
	おわり

2 えがくことのできる, 全パターンを
紹介します。

↓から　はじめ
↓に　もどるまで　くりかえす
とけいまわりに,
1 こ　先の
てんを　つなぐ
おわり

↓から　はじめ
↓に　もどるまで　くりかえす
とけいまわりに,
2 こ　先の
てんを　つなぐ
おわり

↓から　はじめ
↓に　もどるまで　くりかえす
とけいまわりに,
3 こ　先の
てんを　つなぐ
おわり

↓から　はじめ
↓に　もどるまで　くりかえす
とけいまわりに,
4 こ　先の
てんを　つなぐ
おわり

↓から　はじめ
↓に　もどるまで　くりかえす
とけいまわりに,
5 こ　先の
てんを　つなぐ
おわり

↓から　はじめ
↓に　もどるまで　くりかえす
とけいまわりに,
6 こ　先の
てんを　つなぐ
おわり

↓から　はじめ
↓に　もどるまで　くりかえす
とけいまわりに,
7 こ　先の
てんを　つなぐ
おわり

↓から　はじめ
↓に　もどるまで　くりかえす
とけいまわりに,
8 こ　先の
てんを　つなぐ
おわり

！アドバイス **1** フローチャートに
書いた数と絵にかいた歯の数を間違
えないように注意させましょう。

2 9~16個は, 8~1個と同じ模
様になります。

1

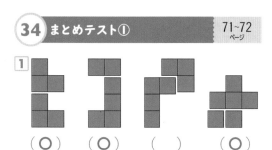

（○）（○）（　）（○）

2 ①すうじ　（1，2，3）
②ひらがな（あ，い，う）
③かたかな（ア，イ，ウ）

3 ①ス，セ，ソ，タ
②ウ，キ，サ，ソ，テ，ヌ
③ト

4

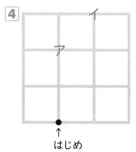

↑
はじめ

5 ①

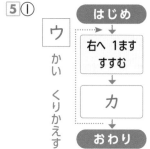

②

アドバイス

1 左の図に，線を引きながら考えるとよいでしょう。下のように分けることができます。

2 数字，ひらがな，かたかなに分けられていれば，どの順番でもかまいません。カードの並び方も特には問いません。

3 「じょうけん」の問題です。上からの位置と左からの位置の2つの条件で，2次元の位置を特定します。

4 フローチャートの順番通りに，ていねいにたどるようにします。

①　　　　　②

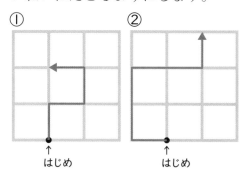

↑　　　　　　↑
はじめ　　　　はじめ

5 フローチャートを見て，くり返し部分に該当する道に印をつけてみるとよいでしょう。

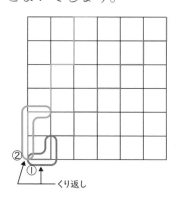

②
①
くり返し

1 下の図形に○が入ります。

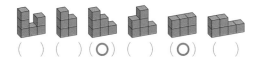

( )　( )　(○)　( )　(○)　( )

2 ①3，4，6，8
　　②5，7，9

3 ①| か | ま | きり |

　　②| く | わ | が | た | む | し |

4

5 ①ウ　②キ

●アドバイス●　**1** 「せいり」と「じょうけん」の複合問題です。

❶「左から　じゅんに　つむ」❷「上の　だんに　つむ　ときは，下の　だんと　おなじ　かずか，１こだけ　すくなく　つむ」というルールのほかに，問題文にある，❸「つみ木を　すべて　つみます」の３つの条件があります。

a　　b　　　c　　　　d

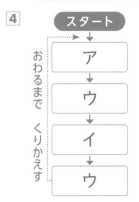

aの２段目は，❶の条件に適合しません。bは積み木を５個しか使ってないので，❸の条件に適合しません。cの３段目は，❶の条件に適合

しません。dは１段目が４個で２段目が２個なので，❷の条件に適合しません。

2　まずは，問題文を読み，ゲームのルールを把握させましょう。

仮にひろさんが，５を出したら，くみさんは６，８のどれか，７を出したら８のみ，９を出したら，出すことができません。

実際に，トランプなどで，お子さんと遊んでみると楽しいでしょう。出せなくなるまで交代で出します。知らず知らずのうちに，プログラミング的思考が育ちます。

3②　２番目から６番目までが「わがたむし」と特定することができます。１番目の文字は，そこから想像することになります。

4　食事指導で言われる「三角食べ」を，プログラミング的思考でとらえる問題です。日常生活のいろいろな場面で，プログラミング的思考を取り入れてみましょう。

5　フローチャートが３つに分岐しています。意味をしっかりつかみ，道をたどるようにさせましょう。

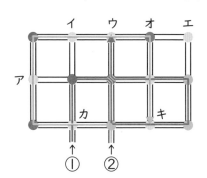

おつかれさま！